U0033807

吳墉祥在台日記

（1963）

The Diaries of Wu Yung-hsiang at Taiwan, 1963

民國日記 ｜ 總序

呂芳上
民國歷史文化學社社長

　　人是歷史的主體，人性是歷史的內涵。「人事
有代謝，往來成古今」（孟浩然），瞭解活生生的
「人」，才較能掌握歷史的真相；愈是貼近「人性」
的思考，才愈能體會歷史的本質。近代歷史的特色之
一是資料閎富而駁雜，由當事人主導、製作而形成的
資料，以自傳、回憶錄、口述訪問、函札及日記最為
重要，其中日記的完成最即時，描述較能顯現內在的
幽微，最受史家重視。

　　日記本是個人記述每天所見聞、所感思、所作為
有選擇的紀錄，雖不必能反映史事整體或各個部分的
所有細節，但可以掌握史實發展的一定脈絡。尤其個
人日記一方面透露個人單獨親歷之事，補足歷史原貌
的闕漏；一方面個人隨時勢變化呈現出不同的心路歷
程，對同一史事發為不同的看法和感受，往往會豐富
了歷史內容。

　　中國從宋代以後，開始有更多的讀書人有寫日記
的習慣，到近代更是蔚然成風，於是利用日記史料作歷

史研究成了近代史學的一大特色。本來不同的史料，各有不同的性質，日記記述形式不一，有的像流水帳，有的生動引人。日記的共同主要特質是自我（self）與私密（privacy），史家是史事的「局外人」，不只注意史實的追尋，更有興趣瞭解歷史如何被體驗和講述，這時對「局內人」所思、所行的掌握和體會，日記便成了十分關鍵的材料。傾聽歷史的聲音，重要的是能聽到「原音」，而非「變音」，日記應屬原音，故價值高。1970年代，在後現代理論影響下，檢驗史料的潛在偏見，成為時尚。論者以為即使親筆日記、函札，亦不必全屬真實。實者，日記記錄可能有偏差，一來自時代政治與社會的制約和氛圍，有清一代文網太密，使讀書人有口難言，或心中自我約束太過。顏李學派李塨死前日記每月後書寫「小心翼翼，俱以終始」八字，心所謂為危，這樣的日記記錄，難暢所欲言，可以想見。二來自人性的弱點，除了「記主」可能自我「美化拔高」之外，主觀、偏私、急功好利、現實等，有意無心的記述或失實、或迴避，例如「胡適日記」於關鍵時刻，不無避實就虛，語焉不詳之處；「閻錫山日記」滿口禮義道德，使用價值略幾近於零，難免令人失望。三來自旁人過度用心的整理、剪裁、甚至「消音」，如「陳誠日記」、「胡宗南日記」，均不免有斧鑿痕跡，不論立意多麼良善，都會是史學研究上難以彌補的損失。史料之於歷史研究，一如「盡信書不如無書」的話語，對證、勘比是個基本功。或謂使用材料多方查證，有如老吏斷獄、法官斷案，取證求其多，追根究柢求其細，庶幾還原

案貌，以證據下法理註腳，盡力讓歷史真相水落可石出。是故不同史料對同一史事，記述會有異同，同者互證，異者互勘，於是能逼近史實。而勘比、互證之中，以日記比證日記，或以他人日記，證人物所思所行，亦不失為一良法。

從日記的內容、特質看，研究日記的學者鄒振環，曾將日記概分為記事備忘、工作、學術考據、宗教人生、游歷探險、使行、志感抒情、文藝、戰難、科學、家庭婦女、學生、囚亡、外人在華日記等十四種。事實上，多半的日記是複合型的，柳貽徵說：「國史有日歷，私家有日記，一也。日歷詳一國之事，舉其大而略其細；日記則洪纖必包，無定格，而一身、一家、一地、一國之真史具焉，讀之視日歷有味，且有補於史學。」近代人物如胡適、吳宓、顧頡剛的大部頭日記，大約可被歸為「學人日記」，余英時翻讀《顧頡剛日記》後說，藉日記以窺測顧的內心世界，發現其事業心竟在求知慾上，1930 年代後，顧更接近的是流轉於學、政、商三界的「社會活動家」，在謹厚恂恂君子後邊，還擁有激盪以至浪漫的情感世界。於是活生生多面向的人，因此呈現出來，日記的作用可見。

晚清民國，相對於昔時，是日記留存、出版較多的時期，這可能與識字率提升、媒體、出版事業發達相關。過去日記的面世，撰著人多半是時代舞台上的要角，他們的言行、舉動，動見觀瞻，當然不容小覷。但，相對的芸芸眾生，識字或不識字的「小人物」們，在正史中往往是無名英雄，甚至於是「失蹤者」，他們

如何參與近代國家的構建，如何共同締造新社會，不應
該被埋沒、被忽略。近代中國中西交會、內外戰事頻
仍，傳統走向現代，社會矛盾叢生，如何豐富歷史內
涵，需要傾聽社會各階層的「原聲」來補足，更寬闊的
歷史視野，需要眾人的紀錄來拓展。開放檔案，公布公
家、私人資料，這是近代史學界的迫切期待，也是「民
國歷史文化學社」大力倡議出版日記叢書的緣由。

導言

侯嘉星
國立中興大學歷史學系助理教授

　　《吳墉祥在台日記》的傳主吳墉祥（1909-2000），字茂如，山東棲霞縣人。幼年時在棲霞就讀私塾、新式小學，後負笈煙台，畢業於煙台模範高等小學、私立先志中學。中學期間受中學校長、教師影響，於1924年加入中國國民黨；1927年5月中央黨務學校在南京創設時報考錄取，翌年奉派於山東省黨部服務。1929年黨務學校改為中央政治學設大學部，故1930年申請返校就讀，進入財政系就讀，1933年以第一名成績畢業。自政校畢業後留校擔任助教3年，1936年由財政系及黨部推薦前往安徽地方銀行服務，陸續擔任安慶分行副理、經理，總行稽核、副總經理，時值抗戰軍興，隨同皖省政府輾轉於山區維持經濟、調劑金融。1945年因抗戰勝利在望，山東省主席何思源遊說之下回到故鄉任職，協助重建山東省銀行。

　　1945年底山東省銀行正式開業後，傳主擔任總經理主持行務；1947年又受國民黨中央黨部委派擔任黨營事業齊魯公司常務董事，可說深深參與戰後經濟接收與重建工作。這段期間傳主也通過高考會計師合格，並當選棲霞區國民大會代表。直到1949年7月因戰局逆轉，傳主隨政府遷台，定居於台北。1945至1950這

6 年間的日記深具歷史意義，詳細記載這一段經歷戰時淪陷區生活、戰後華北接收的諸般細節，乃至於國共內戰急轉直下的糾結與倉皇，可說是瞭解戰後初期復員工作、經濟活動以及政黨活動的極佳史料，已正式出版為《吳墉祥戰後日記》，為戰後經濟史研究一大福音。

1949 年來台後，除了初期短暫清算齊魯公司業務外，傳主以會計師執照維生。當時美援已進入台灣，1956 年起受聘為美國國際合作總署駐華安全分署之高級稽核，主要任務是負責美援項目的帳務查核，足跡遍及全台各地。1960 年代台灣經濟好轉，美援項目逐漸減少，至 1965 年美援結束，傳主改任職於中美合營之台達化學工業公司，擔任會計主任、財務長，直到 1976 年退休；國大代表的職務則保留至 1991 年退職。傳主長期服務於金融界，對銀行、會計及財務工作歷練豐富，這一點在《吳墉祥戰後日記》的價值中已充分顯露無遺。來台以後的《吳墉祥在台日記》，更是傳主親歷中華民國從美援中站穩腳步、再到出口擴張達成經濟奇蹟的各個階段，尤其遺留之詳實精采的日記，成為回顧戰台灣後經濟社會發展的寶貴文獻，其價值與意義，以下分別闡述之。

一

史料是瞭解歷史、探討過去的依據，故云「史料為史之組織細胞，史料不具或不確，則無復史之可言」（梁啟超，《中國歷史研究法》）。在晚近不斷推陳出新的史料類型中，日記無疑是備受歷史學家乃至社會各

界重視的材料。相較於政府機關、公司團體所留下之日常文件檔案，日記恰好為個人在私領域中，日常生活留下的紀錄。固然有些日記內容側重公事、有些則抒發情懷，但就材料本身而言，仍然是一種私人立場的記述，不可貿然將之視為客觀史實。受到後現代主義的影響，日記成為研究者與傳主之間的鬥智遊戲。傳主寫下對事件的那一刻，必然帶有個人的想法立場，也帶有某些特別的目的，研究者必須能分辨這些立場與目的，從而探索傳主內心想法。也因此，日記史料之使用有良窳之別，需細細辯證。

那麼進一步說，該如何用使日記這類文獻呢？大致來說，良好的日記需要有三個條件，以發揮內在考證的作用：（1）日記之傳主應該有一定的社會代表性，且包含生平經歷，乃至行止足跡等應具體可供複驗。（2）日記須具備相當之時間跨度，足以呈現長時段的時空變化，且年月日之間的紀錄不宜經常跳躍脫漏。（3）日記本身的文字自然越詳細充實越理想，如此可以提供豐富素材，供來者進一步考辨比對。從上述三個條件來看，《吳墉祥在台日記》無疑是一部上佳的日記史料。

就代表社會性而言，傳主曾擔任省級銀行副總經理、總經理，又當選為國大代表；來台後先為執業會計師，復受聘在美援重要機構中服務，接著擔任大型企業財務長，無論學經歷、專業素養都具有相當代表性。藉由這部日記，我們可以在過去國家宏觀政策之外，以社會中層技術人員的視角，看到中美合作具體的執行情

況，也能體會到這段時期的政治、經濟和社會變遷。

　　而在時間跨度方面，傳主自 1927 年投考中央黨務學校起，即有固定寫作日記的習慣，但因抗戰的緣故，早年日記已亡佚，現存日記自 1945 年起，迄於 2000 年，時間跨度長達 55 年，僅 1954 年因蟲蛀損毀，其餘均無日間斷，其難能可貴不言可喻。即便 1945 年至 1976 年供職期間的日記，也長達 32 年，借助長時段的分析比對，我們可以對傳主的思想、心境、性格，乃至習慣等有所掌握，進而對日記中所紀錄的內容有更深層的掌握。

　　最重要的，是傳主每日的日記寫作極有條理，每則均加上「職務」、「師友」、「體質」「娛樂」、「家事」、「交際」、「游覽」等標題，每天日記或兩則或三則不等，顯示紀錄內容的多元。這些內容所反映的，不僅是公務上的專業會計師，更是時代變遷中的黨員、父親、國民。因此從日記的史料價值來看，《吳墉祥在台日記》能帶領我們，用豐富的角度重新體驗一遍戰後台灣的發展之路，也提供專業財經專家觀點以及可靠的事件觀察記錄，讓歷史研究者能細細品味 1951 年至 1976 年這 26 年間，種種宏觀與微觀的時代變遷。

二

　　戰後中華民國的各項成就中，最被世界所關注的，首推是 1980 年代前後台灣經濟奇蹟（Taiwan Economic Miracle）了。台灣經濟奇蹟的出現，有其政策與產業的背景，1950 年開始在美援協助下政府進行基礎建設

與教育投資，配合進口替代政策發展國內產業。接著在
1960 年代起，推動投資獎勵與出口擴張、設立加工出
口區，開啟經濟起飛的年代。由於經濟好轉，1963 年
起台灣已經累積出口外匯，開始逐步償還美援，在國際
間被視為美援國家中的模範生，為少數能快速恢復經濟
自主的案例。在這樣的時代背景中，美援與產業經營，
成為分析台灣經濟奇蹟的關鍵。

　　《吳墉祥在台日記》中，傳主除了來台初期還擔任
齊魯公司常務董事，負責清算業務外，直到 1956 年底
多憑會計師執照維持生計，但業務並不多收入有限，反
映此時台灣經濟仍未步上軌道，也顯示遷台初期社會物
質匱乏的處境。1956 年下半，負責監督美援計畫執行
的駐華安全分署招聘稽核人員，傳主獲得錄用，成為美
方在台雇用的職員。從日記中可以看到，美援與中美合
作並非圓滑順暢，1956 年 11 月 6 日有「中午王慕堂兄
來訪，謂已聞悉安全分署對余之任用業已確定，以前在
該署工作之中國人往往有不歡而散者，故須有最大之忍
耐以與洋員相處云」，透露著該工作也不輕鬆，中美合
作之間更有許多幽微之處值得再思考。

　　戰後初期美援在台灣的重大建設頗多，傳主任職期
間往往要遠赴各地查帳，日記中記錄公務中所見美援支
出項目的種種細節，這是過去探討此一課題時很少提到
的。例如 1958 年 4 月前往中橫公路工程處查帳，30 日
的日記中發現「出於意外者則另有輔導會轉來三萬餘元
之新開支，係輔導會組織一農業資源複勘團，在撥款時
以單據抵現由公路局列帳者，可謂驢頭不對馬嘴矣。除

已經設法查詢此事有無公事之根據外，當先將其單據
內容加以審核，發現內容凌亂，次序亦多顛倒，費時良
久，始獲悉單據缺少一萬餘元，當交會計人員與該會再
行核對」。中橫公路的經費由美援會提供公路局執行，
並受美方監督。傅主任職的安全分署即為監督機構，從
這次的查帳可以發現，對於執行單位來說，往往有經費
互相挪用的便宜行事，甚至單據不清等問題，傅主查帳
時一一指出這些問題乃為職責所在，亦能看到其一絲不
苟的態度。1962 年 6 月 14 日傅主前往中華開發公司查
帳時也注意到：「中華開發信託公司為一極特殊之構
成，只有放款，並無存款，業務實為銀行，而又無銀行
之名，以余見此情形，甚懷疑何以不能即由 AID（國際
開發總署）及美援會等機構委託各銀行辦理，豈不省費
省時？現開發公司待遇奇高，為全省之冠，開支浩大，
何以必設此機構辦理放款，實難捉摸云」，顯然他也看
到許多不合理之處，這些紀錄可提供未來探討美援運
用、中美合作關係的更深一層面思考。

　　事實上，最值得討論的部分，是傅主在執行這些任
務所表現出來的操守與堅持，以及這種道德精神。瞿宛
文在《台灣戰後經濟發展的源起：後進發展的為何與如
何》一書中強調，台灣經濟發展除了經濟層面的因素
外，不能忽略經濟官僚的道德力量，特別是這些人經歷
過大陸地區的失敗，故存在著迫切的內在動力，希望努
力建設台灣以洗刷失敗的恥辱。這種精神不僅在高層官
僚中存在，以傅主為代表的中層知識分子與專業人員，
同樣存在著愛國思想、建設熱忱。這種愛國情懷不能單

純以黨國視之，而是做為知識分子對近代以來國家認同發自內心的追求，這一點從日記中的許多事件細節的描述可以觀察到。

三

1951 年至 1965 年間，除了是台灣經濟由百廢待興轉向起飛的階段，也是政治社會上的重大轉折年代。政治上儘管處於戒嚴與動員戡亂時期，並未有太多自由，但許多知識分子仍然有自己的立場批評時政，特別是屬於私領域的日記，更是觀察這種態度的極佳媒介，從以下兩個小故事可以略窺一二。

1960 年頭一等的政治大事，是討論總統蔣中正是否能續任，還是應該交棒給時任副總統的陳誠？依照憲法規定，總統連選得連任一次，在蔣已於 1954 年連任一次的情況下，不少社會領袖呼籲應該放棄再度連任以建立憲政典範。然而國民大會先於 3 月 11 日通過臨時條款，無視憲法條文規定，同意在特殊情況下蔣得以第二度連任。因此到了 3 月 21 日正式投票當天，傳主在日記中寫下：

> 上午，到中山堂參加國民大會第三次會議第一次選舉大會，本日議程為選舉總統……蓋只圈選蔣總統一人，並無競選乃至陪選者，亦徒具純粹之形式而已。又昨晚接黨團幹事會通知，囑一致投票支持，此亦為不可思議之事……開出圈選蔣總統者 1481 票，另 28 票未圈，等於空白票，此皆為預料中之

> 結果，於是街頭鞭炮齊鳴，學生遊行於途，電台廣
> 播特別節目，一切皆為預定之安排，雖甚隆重，而
> 實則平淡也。

這段記述以當事人身分，重現了三連任的爭議。對於選
舉總統一事也表現出許多知識分子的批評，認為徒具形
式，特別是「雖甚隆重，而實則平淡也」可以品味出當
時滑稽、無奈的複雜心情。

1959 年 8 月初，因颱風過境造成中南部豪雨成
災，為二十世紀台灣最大規模的天災之一，日記中對此
提到：「本月七日台中台南一帶暴雨成災，政府及人民
已展開救災運動，因災情慘重，財產損失逾十億，死傷
在二十五萬人左右（連殃及數在內），政府正做長期計
畫，今日起禁屠八天，分署會計處同人發起募捐賑災，
余照最高數捐二百元」。時隔一週後，傳主長女即將赴
美國留學，需要繳交的保證金為 300 元，由此可知八七
水災中認捐數額絕非小數。

日記的特點在於，多數時候它是傳主個人抒發內心
情緒的平台，並非提供他人瀏覽的公開版，因此在日記
中往往能寫下當事人心中真正想法。上述兩個小例子，
顯示在政治上傳主充滿愛國情操，樂於發揮人溺己溺
的精神援助他人；但他也對徒具形式的政治大戲興趣缺
缺，甚至個人紀錄字裡行間均頗具批判意識。基於這樣
的理解，我們對於《吳墉祥在台日記》，可以進行更豐
富細緻的考察，一方面同情與理解傳主的心情；另方面
在藉由他的眼光，觀察過去所發生的大小事件。

四

　　然而必須承認的是，願意與傳主鬥智鬥力，投入時間心力的歷史研究者，並非日記最大的讀者群體。對日記感興趣者，更多是作家、編劇、文人乃至一般社會大眾，透過日記的閱讀，體驗另一個人的生命經歷，不僅開拓視野，也豐富我們的情感。確實，《吳墉祥在台日記》不單單是一位會計師、財金專家的工作紀錄簿而已，更是一位丈夫、六名子女的父親、奉公守法的好公民，以及一個「且認他鄉作故鄉」（陳寅恪詩〈憶故居〉）的旅人。藉由閱讀這份日記，令人感受到的是內斂情感、自我紀律，以及愛國熱情，這是屬於那個時代的回憶。

　　歷史的意義在於，唯有藉由認識過去，我們才得以了解現在；了解現在，才能預測未來。在諸多認識過去的方法中，能承載傳主一生精神、豐富閱歷與跌宕人生旅程的日記，是進入門檻較低而閱讀趣味極高的絕佳媒介。《吳墉祥在台日記》可以是歷史學者重新思考戰後台灣經濟發展、政治社會變遷不同面向的史料，也是能啟發小說家、劇作家們編寫創作的素材。總而言之，對閱讀歷史的熱情，並不局限於象牙塔、更非專屬於少數人，近年來大量出版的各類日記，只要願意嘗試接觸，它們將提供讀者無數關於過去的細節與經驗，足供做為將我們推向未來的原動力。

編輯凡例

一、 吳墉祥日記現存自 1945 年至 2000 年，本次出版
為 1951 年以後。

二、 古字、罕用字、簡字、通同字，在不影響文意
下，改以現行字標示。

三、 難以辨識字體或遭蟲註，以■表示。

四、 部分內容涉及家屬隱私，略予刪節，恕不一一
標注。

日記照片選錄

1月1日　星期2　氣候 雨

集會一上午十時到本年中山堂參加總統府召集之開國紀念及元旦團拜禮，由總統及夫人暨各長官宣讀五十二年元旦告軍民同胞書，半小時禮成。

師友一中午趙榮瑞君來談贈其回先堂新歷半年月曆一份及各地名勝彩色夾本一冊，並君讀女服務之外匯貿易審議委員會回應徵轉入但業務情形。

交際一晚同杜善引陸軍俱部參加改入校友會第一屆慶生會，有四十歲校友在受贈五枚禮品。

娛樂一慶生會特由黨團中陸供康樂隊及歌星戴玲等招待在台外籍小姐跳芭蕾舞、魔術等餘興，均屬未可看。

1月2日　星期3　陰

交際一張中寧先中午約宴全一人杜，又到知為共氏女賓如王美之教授 Miss Way 與 Miss Hitcher 來台遊覽，特為招待，亦係分出古都遊覽故也，用天圍大牌，為自誠先等。

師友一徐志仲兄昨以東語不適，今日專往訪之未遇。

雜記一今年用日記本為去年所購，此外以將兩時使用，完不知置於何所，另有醫柜箱篋皆翻檢從房電無蹤影，最後狂志尋至數次，型抽內尋出始已費去三小時光陰之間而笑，此等事完全出於記憶力衰退而為保文之計而不圖又亦一而至也。

1月27日 星期日 氣候 晴

交際─上午同德芳出發答拜前來拜年者，先到和平東路廖毅宏兄家，其房屋略有修建，所木器則為自行設計者，頗有匠心。又到南京東路訪樓有鍾兄夫婦，辭出後即由德芳一人到安東街答拜徐嘉禾太太，余則單獨回寓。下午余到消防隊答拜周靖波君，不遇，留卡片致意。下午同德芳到板橋公園答拜童世芬夫婦。今日來答拜者有田子敏，廖國庥，張中寧，尹樹生夫婦等。今日來拜年而為未能接待者有方青儒，趙雪峰，楊秀卿，林美美等，又有馬麗珊小姐，並贈水果一簍。

娛樂─晚，同德芳到國都看電影，為華德狄斯耐卡通片 The One Hundred and One Dalmatians，甚富想像力。

1月28日 星期1 晴

職務─今日為舊曆新年後恢復辦公之第一天，過年氣氛仍甚濃厚，余與各同仁首先在本會計處各辦公室拜年，然後又到美援會稽核組辦公室拜年，因無急須辦理之事，且本組組長 Millman 聲言如有願請假者，均可照准，故下午請假半天，如此者有五六人。

交際─到新北投中和街答拜趙雪峰，不遇。又到勞工保險監理委員會答拜方青儒兄，亦未遇。

雜記─今冬台灣有六十年來無之奇寒，且雨水稀少，冷流襲來，頗似華北之寒冬，今晨溫度低近零度，草木不耐者皆有枯萎現象，聞農作物亦受影響云。

3 月 13 日　星期 3　氣候 雨

職務－上午，同陸、沈二君到味全食品公司查核其使用 DLF－Small Industry Loan 使用情形，因其申請貸款九助業而立查核帳目時未整理妥帳一一檢討，其有時間不敷，以致祇查按其特形的只能參加批示性，由陸、沈二君查看牛奶粒設備，由余查核味素廠設備，直至中午始竟。下午同到核檢查核 Small Industry Loan 之中央農業工業情形，其兩處一機器為製造 Metalic Graphite 之用，此為使用貸款以載貨例，此外另一處口 Graphite 與銅粉所了，此機器已安裝，只待其技術合作之日本人來台而正式生產了。

師友－下午訪吳先培兄調取實容千元，按市價1：44.40折算。

交際－晚，中央農業招待主者輪流咖啡排第一級店膳費。

3 月 14 日　星期 4　雨

職務－上午，同陳少華君到中信局與女君張襄理接洽其兩筆：DLF－Small Industry Loan 之調查了案，先以明日將對其客戶和家事紀查帳。上午到新新查核台灣化成工業公司其技品材使用情形，係用於製造螢光類料的。下午到此多得民坑查核新發術業及技和品，尚為一新來技廠，成立已逾半年，乃名望際集團之廠之，所有機品俱已使用。

交際－午在波里拉裝應應彰化銀行上的侍膳。

選舉－下午到實際查技選同民堂九全大會代表深，余投製唱字氏，嗣子兄雪來主持宋來選。

12月 21日　星期6　氣候 晴

閱讀- 開始讀 Heckert and Wilson 作 Controllership. 讀完其第一卷 The Function of Controllership, 其中分析 Accounting and Its Relation to Management, 及 The Work of Controllership, 此二章所述甚為扼要之一般概念。展轉記, 此一書之專論 Controllership 者僅此二章, 其他篇幅皆用於介紹討論與實際之運用, 不過著眼於對 management 之關係較之於一般會計書籍, 差之於此耳。

家務- 紫鳴宇氏之兄來吉東, 其女謀事於歸綏同華君, 於二十五日出嫁, 一切從儉, 似甚妥適, 今日送拮衣料二件, 紫氏以未赴吉宴, 故難保從儉矣。

12月22日　星期日　晴

集會- 上午到中山堂報到參加光復大陸設計研究委員會第十次全體會議, 全國民大會年會並刋交版招待書各位取書刊等件, 又到國大代表堂報報到參加國民大會, 此會於下午三时舉行, 此日只為回例之舉耳。

師友- 下午同徐君到校探語童世芬夫婦此為史少實兩家作一初次拜訪, 略果共水果等。

娛樂- 晚, 革命實踐研究院主辦在招待全體結業國大代表, 同學晚號, 並由張公等主演"美人魚"助兴。

12月23日　星期1　氣候 晴

職務－延假一星期後，今日開始辦公，全日主要整理
水泥公司帳，已將去年新董事會接表向之交待數則
回審核完後，並為記去年逾期對象處理品，至今
劉師報告與公司提供資料內互相不同，又須提供該
測表這筆帳核A.E.D.之與主管商討類，經研究必加修，
著有錯誤。劉文中主任報告說今年之Memorik
上週其報告本為長壽命半為二年較，每半年結算帳一
次，本未同人亦無他動作，乃臨時自議，當即獲通
數修復保辦記云。

集會－上午參加光復大陸設計研究委員會開幕
禮，去參陪聽報告，下午分案加一次，並工作報告。

12月24日　星期2　晴

職務－今日上午續到亞洲水泥公司再核帳目但
因時間之事，進行不進，僅閱其歷股東大會紀錄數份，
並與去歲原到諸年報告表多可利用，以搜同原影之
資料。下午乃為放假延假。

集會－下午到中山堂出席光復大陸設計研究會
是今全體會議，仍為最後一天，未終而退。

交際－晚山東商會代表，並全資格客装，並北上
新近當選中委候補中委與評議委員及二人。

娛樂－晚同紹彭到中山堂看國大年終晚會各
戲，當演春光庭村，余等茶開以崇拜學經蒞，共佳。

12月 25日　　晨期3　氣候 晴

集會一上下午均到中山堂參加國民大會代表年會上午
加開幕式，由何名欽主席，報告以由蔣總統致詞。主張
完整定之文字出：特別聲明國民大會代表年會將於下屆
國民大會常務行，於是歡聲雷動。並由憲法研討委員
會工作告一段落收，另靜待此一時代大會常行，而
黨部方面對於此一事技甚精密計畫，使余不得不
暑要此出開吟的大會，乙名口抉擇徨情真相引。
上午接開談省會，由引以迄於院長嚴家淦報告。下
午討論提案，此乃日記自该以來，多以遇諸以后來
筆之次以嘗暇數十筆於三小時終次，其中並因言
問題而引起許多之愉快矣。

12月 26日　　屋期4　晴景

職務一全日在亞洲水泥公司查帳，方向為查核其
歷年之服委大會記錄本年董事會記錄，藉以視其一
切措施有無碍及DLF Loan之規定然，一面將要立
摘記，以照该公司對於台日什么名的年經之重視努力
及處的認好其董事會提出之意每足夠根某筆成
損失相一致，結果記得大體特級良好，但在民國
五十年十月間该公司两办一件大之即第一次對派股
制任DLF数次之電持要議法，獨其服勞台之
記錄，往一再追询此項也一分董事會記錄未知
有些故他緣由。

目　錄

1963 年

1963 年（55 歲）

1月1日　星期二　雨

集會

上午十時，到本市中山堂參加總統府召集之開國紀念及元旦團拜，由總統及夫人參與，即席宣讀五十二年元旦告軍民同胞書，半小時禮成。

師友

中午，趙榮瑞君來訪，贈德國先靈藥廠本年月曆一份及本地藥廠皮夾一隻，趙君談其服務之外匯貿易審議委員會普通匯款輸入組業務情形。

交際

晚，同德芳到陸軍總部參加政大校友會第一屆慶生會，有六十歲校友十人受賀並抽禮品。

娛樂

慶生會餘興節目由陸總康樂隊及歌星戴玲等擔任，且有外籍小姐跳芭蕾舞、魔術等，俱極精彩可看。

1月2日　星期三　陰

交際

張中寧兄中午約宴，余一人往，至則知為其長女璧玉在美之教授 Miss Way 與 Miss Hitcher 來台游覽，特為招待，作陪者尚有郝遇林兄、周天固夫婦、蕭自誠兄等。

師友

佟志伸兄昨日來訪不遇，今日余往訪亦未遇。

瑣記

　　今年用日記本為去年所購，然昨日將開始使用，竟不知置於何處，所有壁櫥箱篋皆翻檢殆盡，毫無蹤影，最後仍在已尋至數次之壁櫥內尋到，然已費去三小時有餘之時間矣，此等事完全由於記憶力衰退而物件又不能永遠固定於一個所在之故。

1月3日　星期四　晴

職務

　　上午，將上星期徐松年君囑余協助辦理之中華彩色公司查帳案內之銷貨分析表，與以後三年銷貨預測數字作試行之合併排列，以覘其是否有不合理之處，列成後與徐君檢討，見有數項數字預測者尚低於本年之實有數，經再加推敲，認為其基礎大有問題，余乃到該公司與其會計主任盛謙及總經理侯彧華再加研究，侯君係解釋其預測三年數，有數項比今年不增或所增甚微者，則為不適合該公司特性之業務，如印製普通刊物及同學錄之類，均本大利小，且經營極費心血，乃不準備加以擴充，故彼所採之預測數字並非隨意為之者；至於今年實際數之統計，則彼與盛君皆不知其詳情，緣該項表格乃業務部分一鄭君根據其非正式之紀錄列成，而總數又採自會計紀錄之銷貨總數，細數又有算至十二月底者，總數仍為十一月底，故其表內之 Miscellaneous 一項乃由倒扣而來，其數乃特少，於是表內其他各數亦與實際數大有距離，其有不能說明原由者，乃進一步與其所用草稿計算，發現有將餘數誤為金額者，從可知該表內容大

為靠不住，鄭君亦以為如此，主張仍以採用余之統計為
宜，而放棄該公司之數額，於是余乃決定照此辦法云。
余本月份支配之工作仍為調到 Financial Review Branch
協助，此事極盡無聊，本謂一月，今已第三月矣。

1月4日　星期五　晴

職務

　　數日來所寫之 China Color Printing Co. 之財務分析
報告今日又再度複閱，並改正若干不妥之處，於最後交
徐松年君彙送綜核之 Martindale，此稿與徐君所寫之將
來三年與張建國君所寫之前夏之分析相連成為一件報
告。余今日除將余所擔任之部分修正完畢外，並將徐君
一部分內之附表一件協助製成，此即 Projected Sales for
1963, 1964, and 1965，內容第一欄為 1962 年數字，以
下分寫三年，並以 1962 之每項為 100%，求以次各年數
額占 1962 年百分之幾，因分類有二十左右，故須逐一用
除法求之，如用筆算，極費時間，乃用計算機為之，此
為余初次使用電動 Calculator，與余三十年前在校所習
過之手搖機大不相同，而除法尤其簡單，不滿一小時即
完成；又余今日初試電動 adding machine，因其同時將
所加數字打在紙帶上，極易核對，故在加時固不若算盤
之快，但在核對上之便利，則為算盤所不及也。本會計
處 Branch of Financial Analysis 本擬奉命進行一項特別工
作，即自本分署成立以來各種 loans 之分類統計，工程
浩大，聞之駭然，但又聞此事又似在兩可之間，未必定
要辦理，故於今日將 Color Printing 交卷之後，即覺一

身輕云。

師友

　　因華美協進社電話謂其盧氏獎學金一案託美國在華基金會辦理，乃以電話向該會友人王君詢問，云未知。

1月5日　星期六　晴

家事

　　上午，德芳到鼎日有買肉鬆，又到惠華行買孝感麻糖，裝成一桶，余於包成後持赴南昌路郵局從水陸路寄華盛頓紹南收，現在普通郵費為每公斤 30 元，但第二個以上之資費單位則為每公斤十五元，又保險費每件在 260 元以下者一律四元，今日共二公斤，故郵費為 49 元云。

交際

　　晚，梁愉甫兄之子在光復廳與袁小姐結婚，余往參與喜筵，其證婚人為經濟部長楊繼曾，來賓致詞有吳延環君，謂其請之證婚人極適合，有三大原因，其最後一項為最近楊寓失火，可謂越燒越旺，其詞固滑稽，其實則不甚得體也。

1月6日　星期日　晴

娛樂

　　上午，同德芳到空軍新生社看小大鵬平劇表演，第一齣為嚴蘭靜、徐龍英合演之蘆花河，余等到時已將完場，故聽到者不多，次為張富椿、陳玉俠、陳長俠、姜竹華、張樹森合演之四杰村，有不少精妙之武打與身

段，頗有可觀。

師友

　　下午，王慕堂兄來訪，閒談其眷屬在大陸之情況，並希望於今春能南來，但住港澳或來台灣尚未定局，余以為住台較好云。

瑣記

　　下午有按門鈴者，余出視見為一三十餘之男子，謂母亡無錢赴基隆向其姊報喪，借十元濟急，余詢以喪居何處，則支吾其詞，余知乃行騙之輩，彼見計不售，遄去。

1 月 7 日　星期一　晴

職務

　　上午，同徐松年、張建國二君到中華彩色印刷公司，查核對於 Martindale 核閱余等三人所寫之報告稿後認為需要進一步加以查明之事項，實際只為彼二人所寫之部分，余陪同前往為一般性之了解並看其各種印刷樣本而已，今日由其所存各國郵票發現，該公司所謂打洞機不適用之責難不適合美國之情形，蓋美國郵票無一可以四角對正打洞者，但其餘並世各國則無一不能對正者，據云集郵家最不歡迎美國郵票云。下午，開始另一工作，即各年度以來之 Small Industry Loan 之統計，其初步每戶細數係由 Private Investment Division 所供給，余等則就工業分類為之彙總焉。

1月8日　星期二　晴
職務
　　上午，會同徐松年、張建國二君，核算工業投資組所製歷年小工業貸款之分業統計，製成後又會同徐君製中華開發公司之放款分類統計，均係供白慎士署長赴華盛頓述職參考之用。
師友
　　晚，同事黃鼎丞君來訪，為其明日將到期標會，彼所邀集之會已只餘二人，即余與另一史君，彼希望余能標到，以其中四千元借彼一個月作為印書之費，照付利息，余拒絕其利息，允照借，明日不妨採二人均分方式以代標會，余將得半數四千五百元，即借其四千元，如不能均分，即出息標會，按比例分擔息金云。

1月9日　星期三　晴
職務
　　全日從事於 Small Industry Loan 之統計工作，此事本於前數日依據本分署工業投資組之初步統計，為之彙算分類總數，已有成果，但其中無還款資料，而分類又與美援會之分類並有還款情形之資料不相一致，於是放棄工業投資組改用美援會資料，該資料未有分類，故初步須依該會其他放款所採分類先加分類，得十餘總數，此項 SIL 計有華南、彰化、第一，三銀行及中央信託局等家，經與徐松年君分別從事，至晚而成總表，只待彙加總數矣。今日為製表節省時間起見，加計總數未用算盤，改用 adding machine，蓋余之算盤近年因目力關

係常發生非屬計算之錯誤，因而不能藉複核方式以校正之，常因此浪費許多時間，用 adding machine 因其加入之數字均一一打於 tape 之上，於加好後再逐筆校正 tape 上之細數即可知是否有誤，整個言之，比較算盤為速，此事為余數年來所認為不必重視者，今則知有不然者。本組辦理去年考績，採逐一談話方式，余與劉允中主任談時，見其所填考績表全部格內均為「2」字，蓋今年格式只分三級，一為 Superior，二為 Satisfactory，三為 Unsatisfactory，如填一與三者，均須列舉事實，故「二」者居多也，又考績項目十餘，分成 major 與 minor 二欄，後者示不重要之項目，余見其所填 speaking 在 minor 欄，其餘未及細觀，劉君謂應改進會話，余則不贊成長久調他部分幫忙，劉君謂會計與英語二者一般不易兼擅，但亦應勉勵為之，又謂與後進諸人亦可多有切磋，蓋學術今昔不同也，又副主任李慶塏君謂余之座位適在通路之側，如有危坐小憩時，易滋誤會，故仍以作持卷觀覽狀為宜云，劉君又云現任組長 Millman 表面和藹可親，實際多固執己見云。

師友

李德民君來訪，謂造船公司工作之待遇已核定，但朱國璋氏介紹其在中華技術服務社，月入略豐，又恐不能長久，託余以電話詢張景文兄以作參考，張兄為余具述造船公司事，但亦不能斷言利弊去就之意見云。

1月10日　星期四　晴晚雨

職務

今日續將 Small Industry Loan 之分析表作成，因縱橫相加發生差額，須尋出錯誤所在，故費去甚多時間，此項查尋錯誤方法係適用於 Adding Machine 之得數者，只須自加法過程中之 tape 上一一核對即可，由今日核對之經驗，知 adding machine 上之易於發生的錯誤多為在打入時發生，而尤以錯位及顛倒者為多，若在算盤上即無法知之，故就此觀點，知其比算盤為確實可靠也，但如對算盤有特別使用技巧者，則又當別論矣。本分署自本年起改變編制，大體上趨於減少大單位（由六處五組減為四處三組），增加小單位（由昔日之組織為課，例如訓練處與新聞組併入總務處，教育組併入管理資源組 [Management Resources Division]，及取消法律顧問處是）。

1月11日　星期五　陰雨

職務

上午十時全體分署人員均齊集南海路美國新聞處禮堂開會，首先由署長 Parsons 致詞，介紹美國駐華大使 Kirk，Kirk 即席作簡單之致詞，並對於本分署八人逐一頒給 Letter of Commendation，即行退席，於是署長 Parsons 演說，謂八月間彼新到時曾在此一度集會，經半年來之研討，現在已對於業務計劃與分署組織重新釐定，並將於十六日赴華府報告，今日在此作一說明，以便同人向友人得以隨時有所宣傳，於是就分署由六處

五組改為四處三組之經過加以說明，尤其致意於將來之 grant 逐漸取消而重點改於 loan 上多加努力，故新成立之 Capital Investment Division 將為一最重要之單位，而今後對於台灣經濟所當注意者，即為如何促進民營生產而推進向美國以外世界之出口云；此會於十一時一刻完畢，包括放映一項名為 Frontiers 之影片，乃 First Security Bank 之所攝製，敘述西部一地區名曰 Adhoe 者之開發經過，且認為無限之開發且將繼續，此項影片在暗示經濟開發工作之重要云。下午研討今年度台幣援款之全貌，大致為今年將有贈款五億元，貸款十五億元，另有軍援十億元，十號帳戶三億元云。

集會

晚，同德芳到美國新聞處聽 Mrs. Hsiao 演講彩色玻璃之製作與各建築物之採用情形，用彩色幻燈示例，惜講話聲音太低耳。

1 月 12 日　星期六　陰

師友

上午，到合作金庫訪隋玠夫兄，此為隋玠夫接任該庫研究室主任後首次往訪，渠最近曾參加合作事業考察團赴日本、馬來亞、新加坡、泰國、越南、菲律賓考察一週，所得資料甚多，該室本月份起將發行合作金融月刊，託余為之擔任若干英文資料之譯作，謂本月份月底始行出版云。

參觀

到新公園參觀監所作業成品展覽，以木器居多，另

有部分刺繡與花卉等，訂購者不少，但出品均甚粗，價
格則不高云。

交際

　　李延年氏之封翁作古，余與蔡子韶君連繫合送素幛
一幀。

1月13日　星期日　晴曇

慶弔

　　上午到極樂殯儀館弔李延年氏封翁之喪。

師友

　　晚，隋玠夫兄來訪，面交託余翻譯之合作資料，
並贈來領結一隻，云前由香港經過考察東南亞時所購
得云。

家事

　　昨、今兩日從事室內紙隔門之換紙工作，計窗四扇
及客廳門四扇，由余換糊，另有臥室與餐廳間之隔門則
由紹寧、紹因、紹彭三人通力合作，以每扇五元之代價
為之，至於糊前之洗刷工作則由德芳一人任之。

1月14日　星期一　陰雨

職務

　　今日與徐松年、張建國二君共同抄錄一種美援放款
明細表內之 Delinquent 欄內數字，緣一週來所進行之放
款統計自因時間不及而改取總數後，同時決定即用美援
會所送之原表作為總表之附件，但其中 Small Industry
Loan 之 Private Enterprise 一冊內未印有 Delinquent 一欄

數字,須由其他統計移植至此表之右側空白處,此表須
用二十份,故又須分頭逐一加註,計余全日抄錄七份。
參觀

　　下午參觀司法行政部調查局所辦科學方法辦案展
覽,其中展出各種辦案用科學工具,如照相機、錄音
機、指紋分析及化學藥品使用等,均為平時所不易見,
又有最近台灣所發生幾件命案之偵察圖表,亦甚有致。

1 月 15 日　星期二　晴
職務

　　日昨美援會送來該會稽核組之本月份工作支配表,
經本組 Millman 在其中師範大學 Evaluation 一項工作之
旁畫一問號,劉允中主任即據以蒐集有關資料,余於今
晨到該會訪經辦之樓有鍾兄,就其所查之範圍列成一單
送劉君,據以向 Millman 當面解說。今日另一工作為會
同 Financial Review Branch 之徐松年、張建國二君將數
日來已經打好之各項 Aid Loan 之總表分表裝訂成冊,
此事本可假手外間裝訂店,因署長 Parsons 明日赴華盛
頓,須趕成帶走,故自行裝訂,並加厚紙封面,其中一
部分用 Multilith 影印,甚為美觀。

1 月 16 日　星期三　晴
職務

　　今日與徐松年、張建國二君從事歷年美援放款統計
表之補充 Delinquent 資料與增加裝訂三十份,直至下午
五時始畢,在增加 Delinquent 資料時,其中有的數字須

加單線示 sub-total，有的須加雙線示其為 total，在寫數字時最易遺漏，故補充後即再度加以核對，以免忙中有錯云。

師友

　　晚，張中寧兄夫婦來訪，閒談，彼在台子女共七人，除其中一子二女在美成婚外，另一女在台，一子在大學今夏畢業後已在服兵役中，尚有兩子在政大上學云。

1月17日　星期四　晴

職務

　　去年七月所作之中華開發信託公司查帳報告，經過劉允中主任 review，送美援會 clear 後即在 Millman 處積壓至今，本日與劉君及余討論其中不能完全明瞭之處，並取回就原稿再作補充修正，今日在討論時有兩項插曲，其一為關於美金 Development Loan Fund 放款之借款人的自籌部分，文內謂均能 generally complied with，渠問既謂 generally，必有例外，余即告以有一紙廠機器即將進口而廠房尚未開工即是一例，渠視下文果有敘述，亦即未言其他，另一為該公司分配盈餘辦法，彼不甚了然，內引合約條文，余一時誤為相對基金合約，其實乃 DLF 合約，因事隔數月，非記憶所及也。

1月18日　星期五　晴

職務

　　今日將中華開發信託公司查帳報告重新加以修正，

並擬具說明一件備送 Millman 參考，所以然者，因昨日
渠曾有數項不明之處，希望有所說明，而不必遽行修
正，例如其中借該公司之 DLF Sub-loan 者，有同時直
接向華盛頓借到 DLF 者，而不知誰何，經列表予以對
照，實際只有一家，又報告內之一處對於 Sub-loan 借
款人無月報格式，昨日渠交余一項由該公司送來之月
報格式，詢是否可以作此用途，經核對後知即係對此
建議所定之格式，故予以註明，又渠對於該公司分配盈
餘方式將 Counter fund 之盈餘與 Other fund 之盈餘劃分
處理一節，未能完全明白，甚竟誤解為華盛頓 DLF，
只許其以自有資金盈餘分紅，顯然不符，亦經寫出詳
細說明，結論謂其分配方式無誤，再如報告內所寫
delinquent 放款數，與 Martindale 不久曾對該公司所寫
之簡略財務分析報告內所提者不同，乃因其只由催收款
項內摘出，余則只列由於 Counterpart 放款而來者，實
際只為一事，亦加說明，此外則更改三點，一為加一項
recommendation 請華民紙廠早建廠房，二為改述保證
業務限於 250 萬美金之根據為華盛頓所核定，三為對山
子腳煤礦之抵押品情形補充說明，此點為余批評陳寶麟
會計師之報告者，渠謂余亦未詳述，其實未知重點互異
也。助 Martindale 排列其彩色印刷公司報告內所引用之
該廠售價來歷，該售價乃余所決定，但事過境遷，久久
始列出。

1月19日　星期六　晴

師友

　　下午，中學同學岳善昌君來訪，此為不速之客，蓋在台十餘年來從未相遇也，據稱本在海軍總部任外事工作，後在高雄經營木器業，因所用非人，竟不可收拾，陷於倒閉，此來為晉謁崔唯吾先生磋商有無其他方面可以投資重起爐灶者，但尚未獲晤談云。

交際

　　晚，應開發公司王副理德壽之邀，在南京東路聯合餐廳喫飯，在座皆為本分署與美援會財務方面有關人員云。

譯作

　　譯國際農業協會出版期刊所登之論文，題為Agriculture of America on the World Scene，凡四千五百字，題譯為「世局下之北美農業」，將供合作金庫刊物登用。

1月20日　星期日　晴

交際

　　宋志先兄之子宋申今在華盛頓與譚女士結婚，渠夫婦於今午在悅賓樓宴客，並面送喜儀二百元。席間遇張金鑑兄，據談三月間為其封翁之八十壽，將稱觴為慶云。席間又遇劉階平兄，據談目前稅務風氣敗壞，一部分會計師完稅其名，捐客其實，甚至目前向建設廳申請登記，亦必有紅包為酬，否則不能迅速核准，所談皆駭人聽聞焉。

家事

下午，與德芳到精美木器廠買餐桌。下午，表妹婿隋錦堂君來訪，贈食品。同德芳訪紹彭級任王聖農君。

娛樂

晚同德芳到市黨部禮堂觀劇，大軸玉堂春。

1 月 21 日　星期一　晴

職務

上星期五 Financial Review Branch Chief Martindale 曾囑徐松年君電詢彩色印刷公司之紙張消耗情形，尤其注重其中購價與稅負之關係，此事本已由張建國君赴該公司查過，徐君因張君請假數天，查閱其在辦公室之 working paper 不得要領，於是主張再赴該公司查詢，但余今日須將修正中華開發公司之查帳報告趕速完成，彼雖囑余會同往查，未予置理，彼本人亦未往，星期五下班時彼又忽謂下星期一須請假二小時，故希望屆時余一人前往該公司，余鑑於該組本身人員只知請假，遇事向借調人員推諉，當時為之不懌，並謂此等作風大有問題，何不將張君約來，囑其再往補充，庶可一勞永逸，當時甚為不悅，徐君未以為意，亦可見余之不能心平氣和也。今日上午徐君亦來，即於上午到該公司從事研討，經先檢查其進貨帳，抄錄銅版紙歷來買進之數目，即由徐君作一統計表，下午余為之核算總數，並與該公司總經理侯或華談其用紙情形與紙之稅負問題，侯君所談甚扼要，據云發生退稅問題者只有 CAT 委印雙月刊部

分，已奉核定用保稅方式辦理，但因該公司積欠關稅未
繳，於是此項權利竟被剝奪，據云此項損失每期須在約
四萬元，年達二十四萬元，又以其委任進口之帳單為資
料，分析其稅所占之比例，約在百分之九十以上，故能
否免稅，影響殊大也。

1月22日　星期二　晴

職務

　　依據日昨所集之資料，今日核算一項 1961 與 1962
中華彩色印刷公司之進口銅版紙金額、數量、平均價，
及其中紙價與稅費等之百分比，將供 Martindale 參考。
Millman 對上星期五余所補充之中華開發信託公司查帳
報告今日再行核閱，並約余與劉允中主任多所討論，除
已經解釋者外，彼又囑對於該公司放款客戶之有無為美
援會 Delinquent loan report 內所列之戶名，余當就十二
月份之 report 加以核對，發現除余報告已經指出者外，
尚有富國棉織廠部分，祥泰鋼鐵廠部分，與美森製木廠
部分，將開出供其參考，此中富國為該公司自有款，祥
泰為相對基金款，美森則為查帳以後所發生者也。

1月23日　星期三　晴

職務

　　日昨所填之中華開發公司 Delinquent 放款情形，今
日製成表格，將各筆分別下列四欄填送 Millman：（1）
開發公司之有關放款同時為美援會其他美援貸款之誤期
戶頭者之戶名與放款種類；（2）開發公司放款與金額日

期；（3）美援會放款之過期金額，及放款種類；（4）過期開始之日期等，Millman 認為此項排列滿意；在開列之時因須在開發公司一項報表上註明，但遍查不得，始知係分類有出入，蓋富國製棉公司在表上列入醫藥類，後用電話詢該公司始明。

師友

鄭邦焜兄來訪，交來譯英所得稅法部分稿費。

1月 24 日　星期四　晴

職務

今日將 Martindale 數日來交辦之中華彩色印刷公司之前年與去年進口紙張分析表，作最後分析修正後交卷，共同工作者為張建國君，此事數日來周折極多，其原來之資料本為張君到該公司所查，但該項資料記錄不詳，而張君又於前數日請假三天，於是徐松年君乃囑余與其一同到該公司再度調查，徐君對余之資料與張君之原有資料皆有所修正，並囑余據以製表交 Martindale，不料該項資料經 Martindale 與張君以前由該公司查得之全部用料數大有出入，全部且低於此項進口紙之金額，乃大表懷疑，一時皆無法知其問題所在，張君乃於昨調取該公司帳目，另作分析，發覺徐君所改余之數字係將十二月份加入，以致消費用數竟超過應有數二十餘萬元，今日乃將此一因素消除，將其數目另列，此事在算出進口紙之數目時，余本語徐君，應以得數與張君擔任報告草案之採用數相核對，以免發生漏洞，彼則謂此項採用數為總用料數，不知紙張之細數，以為無需，而不

知其錯誤即由此出也，徐君任事往往自以為是，其後果竟有如此者，又該 Financial Analysis Branch 遇事易錯之原因主要為工作不專責，凡事無計劃，而在需要資料時不考慮調查者之無充分時間，往往只一味催促，例如徐君之所以將十二月份誤行列入，即因當日中午其一人在公司非正式加班，公司內人員不能沉心合作之所致，故凡事應避免不近人情也。

1月25日　星期五　晴
交際

上午出發拜年，所拜各處為：黃德馨、王文甲、廖國庥、周天固、邵光裕、張中寧、王一臨、吳先培、曾明耀、隋玠夫、楊紹億、曹璞山、佟志伸、田子敏、徐嘉禾、冷剛鋒、趙榮瑞、蘇景泉、李公藩、余井塘、樓復、王德垕，並到會賓樓參加同鄉團拜。下午拜年所到為新店崔唯吾、大坪林劉振東、新店孫典忱。又拜左右鄰舍許有勇、姚冠午、成雲璈、林石濤等。今日來拜年者有王德垕、成雲璈、許有勇、姚冠午、黃德馨、王一臨、李公藩、冷剛鋒、隋錦堂、曹璞山、于政長、童紳、孫崇禮、李德修、楊紹億、童綷、周天固、佟志伸、王聖農、蘇景泉、蔡子韶等。到邵光裕兄處拜年時並贈送打火機一只。

1月26日　星期六　晴
交際

上午同德芳出發拜年，首先到王聖農先生家，然後

到蔡子韶先生家，再到南京東路尹樹生與張景文兩家，再到雙城街原都民小姐家，又到中和鄉宋志先兄家。今日來拜年有樓有鍾夫婦、周靖波君、廖毅宏夫婦、童世芬夫婦，又來答拜者有邵光裕兄並贈金銅礦務局所製小匙與食叉，又有曾明耀、吳先培、樓復、徐嘉禾夫婦，及蘇景泉兄。來拜年者又有李德民君。

家事

上午，同德芳到中和鄉姑母家拜年，姑母自入冬不耐寒流襲擊，身體精神均似不濟，今日準備午飯多由表妹慧光準備。

1 月 27 日　星期日　晴

交際

上午，同德芳出發答拜前來拜年者，先到和平東路廖毅宏兄家，其房屋略有添建，而木器則有自行設計者，頗有匠心，又到南京東路訪樓有鍾夫婦，辭出後即由德芳一人到安東街答拜徐嘉禾太太，余則單獨回寓。下午於到消防隊答拜周靖波君，不遇，留卡片致意。下午同德芳到板橋公園答拜童世芬夫婦。今日來答拜者有田子敏、廖國麻、張中寧、尹樹生夫婦等。今日來拜年而尚未往拜者有方青儒、趙雪峰、楊秀卿、林美美等，又有馬麗珊小姐，並贈水果一籃。

娛樂

晚，同德芳到國都看電影，為華德迪斯奈卡通片 The One Hundred and One Dalmatians，甚富想像力。

1月28日　星期一　晴

職務

今日為舊曆新年後恢復辦公之第一天，過年氣氛仍甚濃烈，余與各同仁首先在本會計處各辦公室拜年，然後又到美援會稽核組拜年，因無急須辦理之事，且本組組長 Millman 聲言如各願請假，均可照准，故下午請假半天，如此者有五、六人。

交際

到新北投中和街答拜趙雪峰，不遇。又到勞工保險監理委員會答拜方青儒兄，亦未遇。

瑣記

今冬台灣有六十年所無之奇寒，且雨水稀少，冷流襲來，極似華北之寒冬，今晨溫度幾近零度，草木不耐霜者有枯萎現象，聞農作物亦受影響云。

1月29日　星期二　晴

職務

本月份正式工作已經告一段落，乃利用時間參閱有關之文卷，今日所閱為 Development Loan Fund 一般事項卷，其中大部分為該 DLF 合併於 Agency for International Development 以前之文件，小部分為以後之文件，又其中一部分為有關稽核工作之進行，大體言之，本來在 DLF 合併以前為由該 DLF 直接管理，其方式為公營事業借款人由其主管審計之機關辦理，私營事業則由 Independent Public Accountant 為之，合併後之方針雖未明白變更，然已不強調此點，此事在余去夏查

開發公司帳時本已有此問題，依規定該公司之開發貸款亦須如此辦理，但該公司不願自相驚擾，決定不聘，並余在查帳報告亦不提及之也。

1 月 30 日　星期三　晴

職務

繼續研閱 Development Loan Fund 之文卷，其中有前年該 Fund 對美國國會之報告，對於該項 Fund 之設置經過，目的，財務情形，以及所放之款逐筆內容均有詳盡之敘述，其編製報告之技術誠有足多，惜因篇幅太多，未能一一細閱，尤其所附表報數種，有互相表現大同小異者，必係製表目的不一，然不能由其表之本身反映出來，亦其缺點也。

交際

昨、今兩日又有來拜年者，計為喬修梁兄與邵澤普君，又劉振東先生來答拜。又昨晚七弟夫婦及其女紹曼亦來。

1 月 31 日　　星期四　晴

職務

三閱月來在 Financial Analysis Branch 幫忙，今日告終，據云該 Branch 之固有人員下月份將從事何項工作，尚無一定，故向本 Audit Branch 借人之事只得告一段落，今日劉允中主任對於該 Financial Analysis Branch 之一國三公，彼此不相融洽，認為乃各各個性太強之故，此乃無法調和之事，余三月來以為苦者亦即此事，

現在告一段落，實有如釋重負之感。下月份之工作為會
同陳少華君從事查核 Development Loan Fund 之 Small
Industry Loan 一案，今日開始分頭調閱文卷，余先閱該
Fund 與四家經辦銀行所簽之 Loan Agreement，只看過
Article 1 及 2，為一般之事項規定，計總額為二百五十
萬美元，其中第一商業銀行、華南銀行、彰化銀行各
七十五萬元，中央信託局二十五萬元，均以民營工業為
限，每家不得超出十萬元，此一貸款之情形較之中華開
發公司相去甚遠也。自美援政策變更，贈款日減而貸款
漸漸持重以來，本分署已逐漸轉變，尤以業務單位表現
者為甚，如衛生組之早已取消，教育組之改為附屬單
位，及訓練組之降為小單位，民營投資組之擴大組織，
皆其顯例也，至於本會計處則據本組 Millman 云，人事
不致有鉅大變遷，但已辭職之員不再補充，又工作方
向將轉為財務分析之類云。

家事

　　寒假中為紹彭補習國語，囑於二週作文四篇，一為
我的寒假生活，二為看「一〇一忠狗」記，三為慰小朋
友喪父信，四為成功在最後五分鐘。

2月1日　星期五　晴

職務

繼續閱覽 Development Loan Fund 之台灣 Small Industry Loan 文卷，仍然以全力研討該項 Loan Agreement，此為該項計劃之基本文卷，按此為 Small Industry Loan 在台灣之第三種型態，其第一種為多年以前之美金貸款，為以 PIO/C 之型態分配於各借戶者，第二種亦為多年以前即行舉辦者，乃相對基金項下之台幣貸款，此二者以前皆由本分署與美援會分別陸續查過，至於 DLF 項下者，全為美金，且直至去年下半年始將稽核權屬於本分署，以前根本未有查過，若照該項查帳方式之 Manual Order 所定，與以前 ICA 時期本分署所採者，多有歧異之處，其內容大致與去年下半年所查之中華開發公司所放 DLF 美金貸款有相似之處，故在研討該項 Agreement 實有若干要點不難明瞭也。

家事

下午，五點下班時，德芳約與余在中山堂國民大會秘書處晤面，同到該處買減價床單二床，又同到中華商場為紹中、紹彭等買書包，然後同回晚飯。

體質

年來無甚疾患，僅右下臼齒一觸即酸痛，實際久已不能用於咀嚼，但為免右頰下陷，亦未拔去，視力則在辦公室仍然不用眼鏡，僅在寫日記與看報之時，或需戴用眼鏡，惟數日來在室外看物在五尺左右時頓覺模糊，此現象為以前所無，不知是否視力有變之徵。

2月2日　星期六　晴

交際

　　昨晚韓兆岐兄來信約於今晚在其板橋寓所春節歡
敘，乃於下午四時十分由車站首途，四時半到達，在座
尚有宋志先兄夫婦及其岳母，及辭出後知係因周老太太
發動今日到其寓所相訪，始有此舉云。

師友

　　下午，中學同學岳善昌兄來訪，係再度由高雄來
此，謂崔唯吾先生曾允助其一萬五千元，余助其一萬
五千元，余告以無此力量，崔氏亦未對余如此提過，余
詢其前次所談有友人可提供五萬元現情如何，岳君謂該
項只為借款，旦夕須還，言下似以余等為股東，余極力
表明此一觀點之不妥，無人肯盲目作此負無限責任之股
東也，渠乃改口謂亦係借款，余乃囑其依崔先生意擬具
方案先行商量再作計劃，余當盡力幫忙，但力不從心之
處並希鑒原云。

2月3日　星期日　陰

聽講

　　孔孟學會上午在中央圖書館舉行論語研究會第二次
會，由陳大齊主講「人之過也，各於其黨，觀過，斯知仁
矣」一章（見里仁篇），陳氏認為孔注、皇疏、邢疏、朱
注等皆對於原文解釋超出範圍，認為均不理想，其正解
應為觀自己之過，始知是否合於仁之標準，並引顏回不
二過之語，以證孔子對於知己之過之難，故此說似乎
合於孔門原意云，繼由參加人討論，余未待終而退。

交際

下午到木柵溝子口答拜喬修梁兄來拜年，又到公館答拜汪焦桐兄曾來拜年。

2 月 4 日　星期一　晴
參觀

到省立博物館參觀清雅堂古畫展覽，精品有大禹治水圖（推為唐周文矩作），白描十八羅漢，蜀張金水作，黃河萬里圖，明摹蘭亭圖跋全卷，康熙狩獵圖（焦秉貞作），宋人花鳥十八學士，宋趙伯驌四景圖，宋易元吉秋景獐猿圖，宋拓觀音像，郎世寧百駿圖，清張鵬翀山水，清王衍百二上壽四幅屏，宋高克明、宋迪、米芾、趙千里合作山水卷，明人百鳥朝鳳卷，文徵明長江萬里圖，清駱佩香百蝶圖等皆為稀世之珍，展覽人並備有顯微鏡，可以鑒其毫髮，以十八羅漢用筆為最能引人入勝，惜乎場地雖佳，而燈光太暗，觀者多須逼視，而目力不佳者則唯有徒喚奈何也。

2 月 5 日　星期二　陰
職務

今日續閱 Development Loan Fund 之 Small Industry Loan 計劃有關文卷，所閱主要為 Regulations Governing the DLF-SIL loans，並摘錄要點，此一規章極為詳備，將該項計劃內各經辦銀行與借款工業應辦事項一一規定，可稱傑作也。下午根據已經閱過之有關文件及其了解，草擬一項 Audit Plan，緣此項 DLF-SIL 為第一次

查帳，且二人合作，為防視察時有所遺漏，故將應辦
事項一一寫出云。依據 Manual Order 788.1 規定辦一
Airgram 致華盛頓 AID，謂 SIL 開始查帳，詢其有無指
示事項。

2月6日　星期三　晴

職務

　　對於 DLF 之 Small Industrial Loan 有關資料本已閱
畢，但其中關於各銀行對 DLF 之還款辦法，及各借款人
之對銀行還款辦法，則尚不能由卷內資料完全了解，而
有關與華盛頓往來之文電亦復語焉不詳，煞費推敲，
故今日進一步求其了解，計有以下各點：（1）各行與
DLF 之 Loan Agreement 內本定有十期還款程序，但文
卷內所顯示者似乎只有第一、二兩期照約履行，以後即
有變動，惟其變動詳情又不能確知；（2）各借款人欠各
銀行情形有各行所造之表為審核根據，但與卷內之各戶
支付情形又不盡相同，經核係華盛頓所來之 billing 間有
錯誤後又改正；（3）究竟二種還款間有何連帶關係，亦
未明瞭。下午與陳少華君到第一商業銀行開始 DLF-SIL
之查帳工作，所辦事項為：（1）拜會其總、協理，（2）
與主管之營業部放款科洽詢一般情形，（3）開示所需各
項資料請準備，（4）核對上記該行部分歸還 DLF 與各
借款人歸還該行情形，藉知該行所採者為當日收回款當
日轉繳，以免匯率損失，截至十二月止已繳數均已列
表，其數與本分署 PIT 所用資料不同，係 PIT 以部分
為全部所致。

參觀

下午看七友畫展，余最欣賞者為高逸鴻花卉、劉延濤山水、鄭曼青花卉、陶芸樓山水，至張穀年與馬壽華作品，似難領略，而陳方則已故矣。又有出色之作為鄭君以梅蘭竹菊松柏山茶為歲寒七友，從容於一紙之上，殊奇觀也。又有劉作貓蝶圖亦有奇趣，其題詩曰：昔人寫貓蝶，貴其諧音意，吾今寫貓蝶，但狀眼前事，勸君莫如貓，傷他以自利，蝶亦不可為，文采眾所忌，戒之復戒之，耄耋定可致。

交際

中午裴鳴宇氏約宴，共四十餘人，為要求選為三月二十九日本黨全國代表大會代表，出名並有秦德純氏。

師友

同事黃鼎丞君月前借去四千元，謂今日還清，今日來送其半，並對於其經手之合會應於今日支付之會金四千五百元內欠繳一千八百元，謂係會金尚未收齊，此等人視錢如命，輕諾寡信，固已一而再矣，當時極端為之不快。

體質

昨日加強注射副霍亂一次。下唇起泡，在本分署醫務室診斷，只搽藥一次，似無何成效。

2月7日　星期四　晴

職務

半年前所作之 China Development Corp. 查帳報告，經本組 Chief Millman 斷續核閱後，至上月本已作最後

之討論而將定稿，但今日又生新問題，即經延擱如許時
日之後，原來截至六月底之數字又成明日黃花，現在又
須補入去年下半年之資料，於是其中文字分析亦難免連
帶的修正之必要，彼又將補充後始定文字之事移於其回
國後之代理人員，如此波折起伏，恐將更夜長夢多矣。
關於上項資料，今日已電話通知開發公司準備。

交際

　　晚，全體稽核人員為 Millman 回國度假餞行於其寓
所，飯後並作 Bingo 遊戲，獎品十件，余得二件，為糖
果與打火機。

2月8日　星期五　陰雨

職務

　　與陳少華君續到第一商業銀行查核關於 DLF 之
Small Industry Loan 有關放款資料，余今日所閱完全為
其放款處理經過文卷，包括在承辦初期與其餘三銀行及
美援會與經濟部駐美參事間之種種文卷，藉以窺知該項
業務中所發生之種種問題，大致言之，各銀行及借款人
皆認為手續太繁，其間且曾聯名備函向開發基金表示請
另行委託工業金融機構辦理，資列舉數項情事以覘此事
之絕不簡單：（1）在開發基金準備放款之初，擬仿過去
舊 Small Industry Loan 之例，請各銀行搭放二成，不知
此係美金貸款，向美採購器材，各行非外匯銀行，何來
美金，經提出異議後而罷；（2）關於抵押品，最初各行
須十足提供，此更使借款人趑趄不前，各行對於美援會
所提以進口機器充大部一節，又因不能占有而不欲於工

礦財團成立前接受抵押，幾經討論始決定改用折衷辦
法，以進口機器為六成，另提四成其他財產；（3）銀行
對DLF並非轉放立場，故須到期還本，而借款人則容
有前後不齊，於是發生匯率風險問題，現在之辦法為各
行儘量使收付於同日處理云。

交際

中午，第一銀行約便飯於華府飯店，由營業部經理
吳憲藏及鄭副理與經辦員陳君等出席招待。

娛樂

晚，率紹中、紹寧、紹彭到中山堂看電影，二十世
紀彩色片「我心已許」，白潘主演，完全鬧劇，娛樂片。

2月9日　星期六　雨

師友

下午，陳禮兄來訪，將去年與余合譯之英國所得稅
法條文及原文一併送來複閱，據稱彼已大略看過，希望
余亦加以審閱，俾趨一致，並謂財政廳不久準備打印，
故如能在一月內看完最佳云。

閱讀

讀二月份 *Reader's Digest*，卷首有 The Art of Changing
Yourself 一篇，頗有意味，如謂 "The greatest revolution
in this generation is the discovery that human beings, by changing
attitudes of their minds, can change the outer aspects of their lives."
又如 "Change requires the substituting of new habits for old. You
mold your character and future by your thoughts and acts." 均是。

2月10日　星期日　陰雨
交際
　　中午，參加黨校同學為六十歲以上同學祝壽聚餐於勞工保險局，計接受慶祝者為六人，即張金鑑、王獻芳、邱有珍、金平歐、陳玉科、逄化文諸兄，與賀者則為二十二人，席間並由方青儒兄報告時事，謂由關係方面獲悉，今年反攻大陸之可能性最大，而最遲亦不致超過一九六六年，該年為總統三次任滿，且為其八十歲之年，故此項說法不無意義云。
家事
　　表妹姜慧光第三子隋方易今日為百天湯餅之會，晚間在寓吃麵，約余與德芳及七弟前往，所請外客尚有野聲幼稚園教師陳小姐。

2月11日　星期一　雨
職務
　　上午，同陳少華君到第一商業銀行繼續查核有關 Small Industry Loan 之文卷，其文件多為處理時之記錄與文書等項，但並無借據與抵押品等之原件，當係另外保管不誤者，陳君則核閱其各借戶之分戶文卷，發現一重要事實即並無到達按裝與開始使用之進口器材報告，亦無派人前往調查之記錄，故知其借約所定條款並未由銀行加以嚴格之責成履行也。本組組長 W. B. Millman 今日下午動身回國度假，下午同劉允中主任、黃鼎丞、葉于鑫、靳綿曾諸君到飛機場送行，自即日起本組組長職務由 J. D. Martin 代行。

2 月 12 日 星期二 陰

職務

　　下午續到第一銀行查核其所辦之 Development Loan Fund - Small Industry Loan，今日核閱其有關之放款契約及帳簿，但有二事甚令人詫異：（1）水火保險皆由借款人自理，銀行且不知其已否保險；（2）款已放完，但最初 DLF 撥款時之 Letter of Commitment 手續經辦人並不知悉。上午同陳少華君到彰化銀行安排 DLF-SIL 之查帳程序，首先求了解其經辦與總理其事之行處，以便將來支配中南部與北部之視察日程，又到中央信託局信託處，先行查詢其所放 DLF-SIL 各戶之地點，備編列日程，又到華南銀行接洽開始查 DLF-SIL 帳，定於明日正式開始，今日請其準備資料。

2 月 13 日 星期三 陰

職務

　　Development Loan Fund 之 Small Industry Loan 內華南銀行經辦部分查帳工作，於今日開始，會同工作者有本分署陳少華君與美援會沈子孝君，余與陳君集中工作於會計方面，沈君則注意器材之採購安裝使用方面，因彼為一工程師也。今日全日工作，余就其全盤求作了解，惟若干事項似非經辦人員所已完全了解，亦有為余等在第一銀行時所未了解，至此得以可解者，其中有一項優於第一銀行之辦法，即在器材進口之時立即向建設廳申請工礦財產登記，以便設定抵押，並申請保險（但另有提供抵押品者則不加注意），此點雖仍有青黃不接

時間，但已較優云。

地震

下午四時五十分地震甚烈，十年未有，幸無損失。

2月14日　星期四　晴

職務

全日在華南銀行查核有關 DLF 之 Small Industry Loan，余由其文卷之核閱過程中發掘問題，並隨時與其經辦之簡、徐二君討論，藉知其記帳方式頗有值得檢討之處，例如該行在此項放款中實等於用借入款以轉放於各借款人，並非代放性質，而記帳時則用代放與受託代放兩科目對轉，收入利息差額則作為手續費，又遇到期不還者由該行墊還，並不另定借約，只以原約之條件加罰違約金，收入者即作為利息，此項處理前後殊不一致，可見對借款之基本性質並未完全把握清楚也。

2月15日　星期五　晴

職務

全日在華南銀行查 DLF Small Industry Loan 帳目，內部工作已大致告一段落，並約定下星期 1、2 視察該行在台北之借款人計四單位，又在辦公室寫成自 25 日至三月 6 日之十天內赴中南部視察之 Field Trip Request。

師友

下午訪吳崇泉兄，並同訪李洪嶽律師，談以前在景美合買陳忠義土地之完稅與出售等問題，緣三日前陳著人來收應攤之田賦與戶稅，余與吳兄各付 125 元，而

李律師則付 79 元，又該日德芳曾與來人談及日內到該
陳處與該土地非法使用人談其應負擔捐稅事，今日乃往
與二人交換意見，商討結果認為宜最快的與其他買主分
割過戶，以便出售，至稅賦乃半年後事，此刻可暫時不
談，好在為數不多，以免被使用人誤會取得使用權云。
晚，蘇景泉兄來訪，贈以日曆及打火機。

瑣記

中午回寓時遍索衣袋內之公共汽車月票不得，下午
苦思可能係上午在空軍福利社買藥時取皮夾付款時帶出
遺失，下午往尋，見所遺另一紙條赫然尚在櫃台外，詢
售貨員不知，囑其另問其他售貨員，始知為彼等所拾，
因而取還；又今日曾換外褲，紮皮帶時尋皮環不見，在
抽下時所在之櫃內搜尋亦不見，德芳助余搜索，亦無蹤
影，及後忽又在皮帶上發現，固數次遍行摸索不得者，
如此五官四肢之不靈，真為之啼笑皆非也。

2 月 16 日　星期六　陰雨

閱讀

讀本月份傳記文學月刊，有力文字為王雲五所作蔡
子民傳記，極為親切有致，於抒寫友誼之中連帶的刻化
蔡氏之主張與處事態度，均能道人之所未道，又有陶希
聖、石美瑜諸人文，亦甚有趣味。

譯作

余所譯英國所得稅法僅為其中一部分，所用稿紙無
橫格，約略按每頁六百字計，二百三十頁共約十三萬
字，經口頭上向委辦之鄭邦焜君提過，數日前同任此事

之陳禮君將全部原文譯文交來，余見其所用方格式稿紙
六百字一頁者共用四百頁，故自稱二十四萬字，余再以
原文比例相較，見彼在 365 頁中擔任 196 頁，余任 169
頁，均用文言，且前後之原文排印無異，則余在比例上
應有二十萬字，比預計相差懸殊，經余昨日函鄭君提
出，請向財廳提出，以免印成後太晚云。

2月17日　星期日　晴曇

師友

下午，高注東兄率其三女涪貞來訪，並指定留其晚
餐，由德芳臨時買菜招待，略飲高粱酒，飯後高兄閒談
其山東省黨部舊委員之在台者，述及五、六人，皆有貶
辭，然高兄為自認學佛頗有根柢者，不知何竟褊狹至
此，又談及余離濟南前與王耀武間舊事，渠津津有味，
余則一笑置之耳。

瑣記

下午過沅陵街見紅葉花店有單枝玫瑰出售，而每枝
索價自八角至五元，謂品種不同，余購其兩種各兩朵，
插瓶後德芳及諸女皆以為美極。

2月18日　星期一　晴曇

職務

上午，同本分署陳少華君、美援會沈子孝君，會同
華南銀行簡君，同到新莊視察信華毛紡廠之 DLF-Small
Industry Loan 機器安裝情形，該廠用此款買紗碇二萬
四千枚，連固有為五萬二千枚，又安裝染機，使用情形

良好，只無美援標誌。中午該廠招待西餐於東方飯店。下午同到萬隆視察義芳化工廠，其援款為用於增加電氣設備，因而得以增產一倍，又其董事長陳君刻苦如工人，不重排場，是其特點，其視察下之機器亦無美援標誌，而其供應商之發票上則謂有之，顯為不實之說詞也。

師友

　　晚，李德修原都民夫婦來訪，原女士日內將赴空軍醫院分娩，恐須剖腹云。

2 月 19 日　星期二　晴

職務

　　上午，重寫出差 request，緣上星期所寫者共為出差十天，自本月 25 日至下月六日，現因李慶塏副主任認為恐會計方面挑剔，最後將其中星期日即為三月三日除外，仍回台北，次日再往，故文字略有變遷云。上午視察 DLF-SIL recipient 中國鑄管廠，生產自來水管，自六百公釐至一百公釐，再大無模管，再小須為鋼製，此次貸款為添模管及起重機，使用情形良好。中午該管廠在其附近之中壢招待便飯。下午視察埔心之永康水泥廠，該廠甚老，經營甚穩健，此次貸款為買整流機、包裝機，及五種大小不同之馬達，在視察現場時頗多因安裝地點關係未能細看。今日共同工作者陳、沈二君。

2月20日　星期三　陰雨

職務

　　上午，同陳、沈二君到第一銀行與華南銀行兩總行安排南部與中部各 DLF-Small Loan 之借款人須往視察者之名單及日程，又到彰化銀行總行台北辦事處，請其對於決定赴中南部視察之 DLF-SIL 借款人各有關放款單位加以通知，並報告其台中總行作種種有關之安排。下午，同陳、沈二君到彰化銀行萬華分行查核其所放之亞洲夾板公司 DLF-SIL Loan 之有關文卷，並就其有關資料以了解其放款處理之程序，以備赴高雄視察其工廠時有所準據，至於財務與產銷等資料，則皆付缺如，因其進口機器到達未久，至今尚在籌備階段而未達開工階段也。

2月21日　星期四　雨

職務

　　上午，同陳少華君到延平北路彰化銀行查核有關屏東環台木材防腐公司 DLF 小工業貸款之文件，該分行對有關資料缺少頗多，若干事項亦皆模糊，故須待到該總行時再行補閱；又同到長安西路該分行查核該行經放 DLF 之南亞塑膠公司之放款資料，該公司在台主管人員亦在該行備詢，資料比較齊全。下午重新整理中華開發信託公司交來去年下半年資料，並接見該公司王德壽副理面交進一步之資料，以便將去年所作查帳報告延展至年底為止。下午又先後接見信華毛紡廠與中國鑄管廠會計人員前來續送有關資料。

2 月 22 日　星期五　陰
譯作

　　去年所譯英國所得稅法，經送同時工作之陳禮兄校閱後，彼將所提意見逐一粘貼於所在條文之上，余今日將其一一加以複核，對所提意見儘量加以採擇，其主要者如下：（1）Industrial 本譯生產事業，因其包括礦漁等業，但陳兄以為不含農業，應改譯工業，從之；（2）Additional Assessment 本譯補徵，彼提出應為額外查估，因徵收程序部分乃彼所譯，余所不知，從之；（3）卹金（pension）改養老金，勞力所得（Earned Income），自由卹金（Voluntary Pension）改志願養老金，比例推算額（Like amount）改同額，工業及節儲團體（Industrial and Provident Societies）改勤儉協會，地方當局（Local Authority）改地方自治機構，皆因其較妥且須前後畫一之故；（4）董事以股金控制公司（Controlling interest）彼主譯指揮監督，余不同意，但因無關宏旨，認為可各行其是；（5）提供（Contribution）在用於保險費時，余係就勞方之數而譯成此詞，資方則用捐贈，彼主亦用捐贈，余不同意；（6）378、390 二條意思有易滋誤為反面之弊，經照彼之意見加以潤色，俾臻至當；（7）不列顛帝國之自治領駐倫敦代表（High Commissioner）及普通代表（Agent General），余本譯高級代表官與代表官，彼主改為各自治領駐倫敦代表，意思比較清楚，從之，但高級與普通不能表示，則其缺點也。

2月23日　星期六　晴

譯作

開始校閱陳禮兄所譯英國所得稅法之一部分，尚僅數條，已費去一個上午，恐將來只有抽校之一法，否則為時間所不許也。陳兄譯文特點為不甚注重意譯，故甚多地方不能迅速領會，但經對照參閱，亦見其文句頗為貼切，至於誤譯者亦有發現，例如其中有關普通督徵委員在兼充額外督徵委員時，對於普通督徵委員行使職權之迴避規定，彼即節外生枝，誤作引伸解釋，余為之重譯，由百字左右減為七十字左右矣。

師友

李祥麟兄由新加坡來信，謂其夫人組織海光公司，辦理供應漁船業務，託余洽詢主管機關可否通令漁船到坡照顧其生意，余於今日下午到漁業管理處探詢，晤其第一組組長陳邦豪君，據云台灣只高雄有遠洋釣船逐漸推至新加坡外海，該等船隻兩年前開始在坡補給，曾有一家海順申請核准辦理此項業務，現在又有工商、遠東二家甫經核准，該處對於海光要求參加並不反對，其手續為向該處申請，經該處向僑委會調查信譽後予以核准，申請人須自行得高雄漁會之同意簽約辦理此事，將來漁船付款須由漁管處函轉外貿會辦理，故此事之要點即為外匯也，又謂現在有船四、五十隻，最近有十二隻下海，但三家供應已有餘裕，因只有油料一項，至於修理無多，而冰塊則因在坡甚貴，不如在台帶往為廉也。

2 月 24 日　星期日　晴
師友

　　上午，張敬塘、苑覺非二兄偕一趙儒生君來訪，趙君為棲霞人，澎湖臨中學生，退役後升入政治大學國際貿易系，今夏畢業，雖有希望留校擔任助教，但仍願有其他出路，託余為之注意，余允充分注意，但對於留校任助教認為亦係良好出路云。師範大學教授鄒謙氏來訪，因渠之女公子亦在市立女中，與紹因為同學，現在該校訓導處通知各級級會討論變更現在日間部、夜間部為二部制，用意不可懸揣，想像中必須有夜間部學生家長對該校有何壓力，鄒氏認為有提出反對之必要，余亦同感，當決定明日由彼與德芳先訪該校校長施學習，如彼無良好表示，即登報約集日間部各家長開會，以便提出共同意見，使此陰謀無由實現云。

2 月 25 日　星期一　晴
旅行

　　昨夜十時半由台北乘夜車南下，於今晨七時到達高雄，同行者劉允中主任與陳少華君，本分署司機林炳煌君在車站相接，早點後到興華街住高華旅社，美援會沈子孝君已先在該旅社等候。

職務

　　上午，同到南亞塑膠加工廠查核關於 DLF-Small Industrial Loan 案內貸款美金使用情形，該廠會計主任陳君與公務主任汪君一同接待，該項機器計為注射式送膠機一架及鋼板打沙磨光機一架，均已按裝完成，正在

試車，惟帳簿尚一部分在預付款科目內，應早予轉至機
器設備科目，繼視察工廠情形，其工作為製造塑膠粒、
塑膠板管布等，至於線與鞋則為其聯繫公司北華（在新
莊）之產品云。下午同到中華路查核 SIL 下亞洲合板公
司，由董事長盧君總經理王君接待，器材皆到，部分按
裝成且正試車，部分正在按裝，只有一件等候其他配件
中，該廠為新廠，至遲四月可以開工生產，盧、王二君
皆林商號店東林番邦之子婿，資金技術皆有林商號為後
盾，故廠內在籌備期間只有二人另有聘用之張君，費用
甚省，在視察中發現一項 SIL 機器極舊，但廠牌及出廠
日期尚皆甚遲，初不認為舊貨，後始以實相告，係以新
者與林商號換用。

交際

　　中午應南亞塑膠公司之請在豪華餐廳吃飯；晚在厚
德福應亞洲合板之歡迎。

2月26日　星期二　晴

職務

　　上午，同劉允中主任陳少華、沈子孝二君到華南銀
行高雄分行晤柯、王經副理，及由台北來此之簡君，並
彰化銀行總行之鄒君一同出發屏東，目標為查核彰化銀
行經放之 DLF-Small Industry Loan 一筆，借款人為環台
木材防腐公司，其廠長云有關進口資料本由台北總公司
於昨日派人送來，但因今日匆忙北返，又已帶回，於是
隻字無由得見，乃察看機器，雖已安裝，但謂試車數次
失敗，尚待改進，何時完成，亦無確期，看後其廠長亦

云其董事長兼任屏東廣播電台事，今晨曾等候余等之
來，請余等到電台相晤，乃予謝絕，據華南銀行云，該
公司本係向華南申請，且運用民意代表頻施壓力，因見
其條件不夠，始終未允所請云。離屏東後到九曲堂查核
SIL Loan 下之永豐裕紙廠，該廠總經理何壽山接待，因
時間已近午，乃分別工作，余擔任核閱帳簿，其他各同
事往看機器使用情形，其帳簿係就美援貸款特別設置，
單據亦另外粘存，此為此次所見之唯一的依照規定設立
專帳之借款人，惜乎以 DLF 與所謂小工業貸款第六期
混合記載，不無缺陷耳，中午何君請便餐。下午提前查
核華南銀行經放之 DLF-SIL 大榮製鋼工廠，由其協理
侯抄接待，貸款為買變壓器及馬達，鋼鐵業貸款須限於
改善品質者，據云此項設備增加後，質量俱有改進云。

2 月 27 日　星期三　晴

職務

　　上午，同劉允中主任及陳、沈二君到高雄第一銀
行，約同台北來之陳詩清君到台灣水泥公司高雄廠查核
該廠所借 DLF-Small Industrial Loan 之使用情形，該項
用款為買 Tractor 一套、Excavator 一套及 Shovel 用配件
二百餘種，Tractor 已使用，Excavator 因等候土木工程
須六月使用，配件則查核發料手續大部尚未使用，經囑
其務於九月前（去年九月進口）開始使用，配件則因所
用料號至不劃一，若干細小物件未能尋出，因時間不
夠，只好作罷。

交際

午應水泥公司之約在豪華餐廳吃飯，由該公司江定一廠長及沃副廠長接待。

旅行

下午四時由高雄乘本分署自備車赴台南，於五時十分到達，住永福路新開國都旅社，地點鬧中取靜，且為新建築，清潔而價廉。

娛樂

晚同劉、陳二君到大全成看電影，片名法宮春色，Versailles，寫凡爾賽宮之滄桑，情節簡單如紀錄片，無非穿插歌舞以增其娛樂性而已。

瑣記

在國都旅社見其浴室建築甚小巧而有參考之處，其室大只一坪餘，磁磚半牆及浴池，池高四磚，寬五磚強，長十三磚強，內有斜坡可以臥浴，近牆之一端並裝蓮蓬頭，其優點為可以兩用，而池小不過分費水，易於更換。

2月28日　星期四　晴

職務

上午同劉允中主任及陳、沈二君乘林炳煌司機所駕車，赴台南市南郊之路竹鄉環球水泥公司，查核該公司使用 DLF-Small Industry Loan 情形，並由經放銀行陳詩清偕同前往，該廠援款內所用器材均已安裝使用，但 Emblem 係由該公司用紙製之出口水泥袋用者臨時加貼，蓋本來無之也，該廠占地二十甲，現有一窯，附屬

設備可供二窯之用，廠地則可供四窯之用，規模甚宏。下午，原班人員到彰化銀行民權路分行一同出發東和紡織公司查核其小工業貸款情形，其所借第一銀行部分裝在印染廠完全使用，彰化銀行部分則有三部分，其中一部分裝在織廠（因在郊外未往視察）使用，另二部分六十五箱則方始提運到印染廠，正在陸續安裝，據云此項機器安裝後對於 Tetoron 之印染整理可以超出同業水準云。

交際

中午，環球水泥公司在台南天仁兒童樂園約宴，其地環境極好，而菜餚平平。晚，東和紡織公司在華洲餐廳約宴，係粵菜，尚佳。

瑣記

在赤崁養蜂場買蜂蜜四斤半，為包裝方便，利用余事先隨身所帶之脫脂奶粉所用空塑膠袋與厚紙盒，場人初不信其能為容器，強之始可，夜間起床見有滲漏由紙盒而出，慌忙中以為問題太大，束手無策，迨打開後，將膠袋外洗淨逐一檢查，只有小洞，用膠布封貼，竟得復好如初，如使用前有此一檢，則必無此失也。

3月1日　星期五　晴

旅行

上午九時半與劉允中主任及陳、沈二君由台南乘自備車赴台中，十二時半到達，住新開之萬國旅社。

職務

下午到彰化銀行總行對於其經辦之 Small Industrial Loan 作全盤之了解，計所查事項如下：（1）全部貸款已支用完畢者之逐筆情形；（2）每筆進口器材之到達使用情形；（3）根據各筆貸款之數額，有無與其他銀行同時貸放，及使用安裝情形有無缺點或不明之情況等，擬定應往逐一調查之單位。

交際

晚赴彰化銀行之宴，由業務部鄭經理接待。

娛樂

晚，看電影「吳鳳」，台灣製片廠出品，王引主演，彩色表演均臻上乘，僅對話尚可洗鍊。

3月2日　星期六　晴

職務

上午續到彰化銀行查核其 Small Industry Loan 之一般情況，余擇其個案之一味全公司作為檢討對象，並對於其處理方式與第一、華南兩銀行不同者特加注意。

參觀

到霧峰參觀故宮博物院展覽，本期精品有宋郭熙、蘇漢臣、馬麟等畫軸，薛紹彭字卷，又竹圖集軸，包括柯九思、顧安、倪瓚、方厓、王紱、夏昶、李坡、夏

昶、文徵明、項元汴、元濟、王原祁諸家之作，可謂洋
洋大觀。

娛樂

在台中看德奧片莫札特傳，音樂甚突出。

旅行

下午四時乘觀光號車北返，於下午六時五十五分到
台北，電話召分署車來，只肯送分署，余揮之去。

3 月 3 日　星期日　晴

師友

昨日在台中彰化銀行總行訪朱興良兄不遇，迨回至
旅館，見其所留卡片並點心二色，但為時已近出發，不
及往謝，乃於今晨備函致意焉。下午，鄭邦焜兄來訪兩
次，不遇，諒係為英國所得稅法譯文之校閱事宜。

娛樂

上午到新生社看空軍小大鵬平劇公演，為朱錦榮演
姚期，徐渝蘭演金山寺，邵佩瑜演斷橋亭；朱雖年幼，
而寶大聲洪，徐則崑曲武打具有造詣，邵則宗程派，唱
腔與腳本皆與現在一般仿杜近芳者不同，演來甚繁重而
不易，幾個三人迴護身段，亦甚佳妙。

瑣記

上週有李象宸母喪訃聞，因出差未及送禮，又有臧
元駿母喪開治喪會，亦因此而未參加。

3月4日　星期一　晴

旅行

上午九時由聯合大樓出發，乘自備車南下，同行者陳少華君，於十二時十分到豐原，住東方旅社，新開方二個月，甚精緻雅潔。

職務

下午同陳君到豐原彰化銀行查核其有關 DLF-Small Industry Loan 內之永豐原紙廠借款資料，繼赴豐勢路該廠檢查並參觀，其貸款進口機器凡二批，除二批到達甫數月，尚有一種未按裝外，其餘均已安裝使用，且有數種甚顯陳舊，因美援標誌多係臨時加附，故無從斷定有無舊品云。

交際

晚飯永豐原郭經理約宴於大世界，菜尚佳。

3月5日　星期二　晴

旅行

上午九時由豐原出發北旅，十一時到竹南，住亞洲。

職務

下午到華南銀行約同該總行簡君同到華民紙廠查核 DLF-SIL 貸款，事實上在倫義紙廠工作，此筆貸款為其中偏差最大之貸款，原因為：（1）倫義曾欠美援七十餘萬美元未還，不能申請，乃由其當時同一董事長之華民紙廠代為申請，而機器則安裝於倫義；（2）台幣自籌資金亦由華民墊付，只歸還少數；（3）此筆貸款已有四期到期，由華民墊付二期，華南銀行墊付二期；（4）此等

情形已年餘未報，華南銀行已來過數次，自已知之甚詳；
（5）進口機器為第二部製紙機，稱為消納其製漿能力而
設，但現在製漿部分停已經年，由台紙公司輔導供漿；
（6）機器並未保險，華南亦無如之何。

3月6日　星期三　陰
旅行

上午八時半由竹南出發，九時到新竹，在華南商業
銀行晤其總行來委託之該分行陳經理，公畢後午飯，飯
後再北行，二時到中壢第一銀行，晤其總行陳君，公畢
北返，五時到台北。

職務

上午，查核新竹中央高級玻璃廠之美援 DLF Small
Industry Loan 進口機器使用情形，計為製 Ampoule 機一
部，製 Vial 機一部，後者因台灣藥廠均收購舊瓶應用，
致未正式使用，經囑早日開工使用。下午查核內壢穩好
印染廠，所購進口機器為樹脂加工機器及燒毛機局部換
新，與磨光機等，均已按裝使用，該廠自此次設備後始
有樹脂加工業務云。

3月7日　星期四　晴
職務

今日從事整理十天來所得之有關 DLF-Small
Industry Loan 有關資料，並會同陳、沈二君排定台北區
須進一步查核之各單位，經決定續看之單位凡十二個，
含貸款十五筆，自明日起連下週，以十二個半天查完。

師友

　　下午訪鄭邦焜兄於稅務旬刊社，緣上星期彼曾來訪，余函約今日往訪，今日晤談事項如次：（1）予所校閱之所得稅法譯文，決定以十五日為止，交其開始排印；（2）稅率表及序文由陳禮擔任；（3）余以前來函提出字數問題，彼允由該稅務研究會負責，俟印竣依照印出文字計算；（4）今日交來第二次譯費五千元，暫簽收據，或即係正式收據，因據稱其對於財政廳將用研究會名義統領云。

3月8日　星期五　晴

職務

　　上午，同陳少華及美援會沈子孝君到第一銀行訪陳詩清君，同到社子福榮橡膠廠查核其所用 DLF-Small Industry Loan 進口器材安裝情形，其總經理臨時由台北趕回，謂會計帳簿須待其會計由南部回北後補閱，進口文件則提出供閱，然後視察機器，見一部已用，一部試車，須待正式有訂貨始能使用。下午又到竹圍查核借戶大同磁器公司，廠房器材均在建設階段。又查核三光夾板廠，適其原料用罄，未見開工。

交際

　　午，應福榮橡膠廠約在第一大飯店午餐。

慶弔

　　上午到極樂殯儀館弔臧元駿太夫人喪。

3 月 9 日　星期六　晴
譯作

　　全日用於英國所得稅法陳禮兄擔任部分之譯述校閱工作，因前日曾聞鄭邦焜兄云，各方對於綜合所得稅興趣甚濃，在英國即為 surtax，故將該章（第九章）提前核閱，該章計占原文三十二頁，譯文三萬餘字，今日費時十小時勉強看完，若干須加修正之處，均另紙寫出，夾於稿內，其中陳兄有顯明錯誤處，多為原文之用虛擬語氣處，誤為過去之事實，此在有的場合違原意不多，有的場合則大相逕庭，中國文字習慣無此同樣情形，故一般多有忽略也；又在行文方面陳兄多採其固有之風格，反復叮嚀，甚且更有過之，余則以簡鍊為重，故改動者多連帶的化繁為簡云。

3 月 10 日　星期日　晴
交際

　　七弟之同事鄒日生下午在悅賓樓結婚，屆時前往道賀，賓客百餘人，多為其煙台之同學與同事。

譯作

　　繼續校閱陳禮兄所譯部分之英國所得稅法，今日開始其 Five Schedule 之條文，已至第一百條止，校閱方式為先速閱該譯文，如能迅速了解，即行放過，如甚費解，或內容有可疑處，即行對照原文，詳加校閱，結果發覺有錯誤之處，無非由於原文文字句法太長，不易把握其重點，始不免于疏失，此事本不易為，簡易處雖易如反掌，艱困處，難於登山，此中甘苦，非過來人不能

知也。

3月11日　星期一　陰
職務

上午，同陳少華君查核義裕染織廠所借之 DLF-Small Industry Loan，該廠名為染織，實際織機已全部出售，而染機則因無委託客戶，故目前實只有整理之一種，此次所買為樹脂加工機，其舊有者為只能整理人造棉織物，新機器則可以處理各種人造纖維，但今日視察時因增裝其他本地購買機器而停工未做云。

集會

下午出席國大黨部小組會議，在黨政附冊上加注會議次數與黨費繳納紀錄，以便十四日舉行九全大會代表選舉云。

交際

晚由組長趙雪峰在悅賓樓招待晚餐。

3月12日　星期二　陰雨
職務

上午，到彰化銀行總行辦公處訪經辦美援貸款之吳君，將預定查核該行所放 DLF-Small Ind. Loan 將實地查核之日程面告，請其屆時再行等候一同出發。修改去年所作之中華開發信託公司查帳報告，此為本組組長 Millman 回國以前所交辦，原則上將其中截止資料之日期由去年六月底改為十二月底，但半年內之資料並未詳細核對，只憑該公司所供給者列入。

體質

右足母趾左甲縫忽發炎，今日請林吉元醫師診斷，服用 Sulfakyn 二片，並用灰錳養水泡之使消毒，入晚稍輕減。

3 月 13 日　星期三　雨
職務

上午，同陳、沈二君到味全食品公司查核其使用 DLF-Small Industry Loan 使用情形，因其申請貸款凡兩筆，而查核帳目時未能將憑證一一檢齊，費去時間不少，以致視察按裝情形時只能分兩批前往，由陳、沈二君察看牛奶廠設備，由余查核味素廠設備，直至中午始竟。下午同到板橋查核 Small Industry Loan 之中央炭素工業情形，其所進口機器為製造 Metallic Graphite 之用，此前係用進口者以製炭刷，此後可只進口 Graphite 與銅粉即可，現機器已安裝，只待其技術合作之日本人來台即可正式生產云。

師友

下午託吳先培兄調美金千元，按市價 1：44.40 折算。

交際

晚，中央炭素招待在青龍吃咖啡，第一飯店晚餐。

3 月 14 日　星期四　雨
職務

上午，同陳少華君到中信局與其張襄理接洽其所放

之 DLF-Small Industry Loan 之調查事宜，告以明日將對
其客戶兩家前往查帳。上午到新莊查核台灣化成工業公
司美援器材使用情形，係用於製造螢光顏料者。下午到
汐止保長坑查核新茂木業美援機器，此為一新夾板廠，
成立不過半年，乃台灣塑膠集團工廠之一，所有機器俱
已使用。

交際

午在波里路餐廳應彰化銀行之約便餐。

選舉

下午到實踐堂投國民黨九全大會代表之票，余投裴
鳴宇氏，渠事先曾來車接，余未遇。

3月15日　星期五　陰雨

職務

上午，同陳少華君到中央信託局，約其經辦美援貸
款之李嘉君，及到彰化銀行約其吳世興君一同出發中
和鄉良友公司，查核其美援 DLF-SIL 貸款記載及器材
使用情形，該廠雖只一家，然公司則有二個，一曰良友
工業，一曰良友實業廠，各向彰銀與中信局借款一筆，
故總數雖超過十萬美金，而每筆則未超過，器材使用則
一部分為拉鍊製造，一部分為色龍線製造，大體均屬
正常。下午同到正大尼龍廠查核其所借 DLF-SIL 之器
材，係十台搖絲機，機上皆有金屬美援標誌，為本計劃
中供應廠商對此點加以注意之唯一單位，此廠為獨資，
並另有正大纖維公司一家，其向開發公司借款，即係以
該公司名義為之者。

3 月 16 日　星期六　晴雨未定

師友

　　上午，鄭邦焜兄來訪，談有意對於英國所得稅法作深入之研究，以供將來我國所得稅能得到進一步之參考資料，又談此次余與陳禮兄所譯之英國所得稅法將於月底付印，余告以校閱陳禮兄所譯部分已盡可能竣事，日昨已到交卷之期，擬約陳兄對於余所指出再加斟酌之處面達一切，而電話數次皆未能通，鄭兄謂今日將與其謀面，余乃將譯文與原文一併交其轉送。

交際

　　晚，童世芬叔平兄夫婦約余與德芳到其板橋寓所吃飯，在座尚有其同鄉或親戚之王君、何君及吳君等，八時四十分搭車回台北。

3 月 17 日　星期日　晴

游覽

　　陽明山花季已過旬日，而一週來霪雨未停，今日始晴，預料游人必多，余與德芳為免候車之煩，今晨七時即赴火車站搭公路局直達車往游，七時三刻到，此時游人尚少，山上一片清新靜謐，雨後河山如洗，漫步至陽明後山公園，並到陽明瀑布下之深壑盤桓良久，仰望山上櫻花杜鵑齊放，流水潺潺，松間山風過處，一派初春景象，至可樂也，十一時折返，由山下之路行，見上面進路游客逐漸入園，如過江之鯽，歸途先到空軍新生社休息麵點，然後到車站又食午飯，取值至昂，飯後搭直達車返台北，時為下午一時半，見候車上山者已不若上

午之多矣。

3月18日　星期一　晴
職務

　　DLF-Small Industry Loan 之查帳工作對於借款人之實地查核部分已於上週完畢，四銀行共六十五筆，查過者為三十六筆，占百分之五十五，今日到中央信託局查閱其處理程序文卷，手續比較三商業銀行無遜色，但在申請人提出金額時未附有國外廠商三家以上之報價單，事實上只據一家即認為已足，余又查核借款人之一高雄夾板廠，該廠曾因進口舊品被通知繳還如數之美金，余再審查其他物品有無同樣情形，不能斷定，因上項舊品之發票上有 Army Surplus Goods 字樣，其他皆無，只好認為新品矣。又至第一與華南兩銀行查核其與 DLF 間之帳目情形，並將上週所發現之張冠李戴情形澄清之。

3月19日　星期二　晴
職務

　　去年所作之中華開發公司查帳報告，經前數日將資料拉長至去年底後，重新交卷，皆以為因目前之正副會計長皆以簡單為尚，該報告文字較多，雖聲明為本組 Millman 主任臨行時主張原稿修改再發，但皆認為必仍遭再度刪削無疑，今日出乎意外者為原修正稿發還，一字未改，謂即照此辦理，於是余乃將稿再度細閱一過，對於仍有漏改日期為十二月底之處再度加以修改，發交打字員再行清稿，此案擾攘半年有餘，如無其他變化，

此次當不致再為流產矣。從事整理一月來之 DLF- Small Industry Loan 查帳資料，並再度查閱有關各向規定，以確定此項查帳應提出之 Findings。

3 月 20 日　星期三　晴
職務

　　繼續複閱月餘以來之查帳資料，對於其中有缺少待補部分予以記出，將改日分頭向各單位接洽催補，一面將查帳報告之綱要列出，以便將資料分別一一歸入，至於撰寫報告將為下星期之事，下星期因一同工作之陳少華君須另擔任其他工作，故決定此項報告由余起草，預定儘於下星期內完成之。一同工作之美援會沈君今日來詢問如何整理工作，經詢問其須在該會寫中文報告，故決定彼只須供給資料要點，免於參加寫英文報告。本組有生日禮之慣例，余於今日收到所送免燙襯衣一件。

3 月 21 日　星期四　晴晚雨
職務

　　開始寫作 Development Loan Fund - Small Industry Loan 之查帳報告，先由正文起，已經寫完，只餘 Recommendation 尚未寫入，須待 Findings 完稿再據以加入，又寫附表，名為 Statement Showing Sub-borrowing Status of DLF-Small Industry Loans 共計六十五筆，按第一、彰化、華南、中信局四家順序，逐一開列其借款額，已還額，尚欠額，採購器材已否按裝使用，及本次查帳過程中是否曾經前往作 end-use check 等。美援會

此次一同工作之沈子孝君今日將其在視察中所得資料寫
成摘要送來，以備余撰寫報告時之加入。

3月22日　星期五　晴陣雨

職務

日前再度定稿之中華開發信託公司查帳報告，打字
小姐於今日將 Second Draft 打出，余乃重加校訂，發現
若干誤打之處，又有在修正稿時疏忽應改未改之處，不
得不再加修正，或在稿上搽改，或裁去另打小條加粘，
費時幾乎一天始行辦就，此一報告之文字甚長，不適
合現在主其事者之要求，只因係稽核組長 Millman 臨去
時囑辦者，故接辦人員未另作主張，今日打好後正式提
出，尚不知不致另有枝節否。續寫 DLF-Small Industry
Loan 查帳報告，因有他事，進度甚緩。

3月23日　星期六　晴

閱讀

讀本月份傳記文學，此冊特殊文字為記溥侗紅豆館
主之人品，如記胡適之主持中央研究院之作風，皆極突
出，末選載數萬字長文「師門五年記」，乃胡適之中國
公學學生羅爾綱所著其畢業後在北平從胡氏治歷史與金
石之經過，其中描寫胡氏之為人細密中肯，為傳記中不
可多得之作也。

娛樂

晚率紹寧、紹彭同德芳到國都看電影，片為 Farewell
to Arms 戰地春夢，海明威原作，由羅赫遜與珍妮弗瓊

絲主演，演技純熟，的是佳作。

生日

今日為德芳 53 生日，余則明日為 54 生日，昨日辦公室同人送內衣，並請茶點，今日在寓吃麵，並於昨日定製蛋糕一隻，諸兒女皆歡暢。

3 月 24 日　星期日　晴

交際

中午，林鳳樓兄之三子經符在國軍英雄館結婚，余與德芳參加喜筵，凡十餘席。

瑣記

自英國所得稅法譯完後，業餘甚感輕鬆，昨、今兩日無所事事，只以讀書與聽廣播及唱片等為排遣之計，今日所讀為甫經收到之三月份讀者文摘，其中有謹慎使用新藥（What you should know about medicine），有行路之益（I have rediscovered walking）等篇，用意雖卑無高論，然文字簡明可誦，則由學習語文觀點讀之，亦屬有意義也。

3 月 25 日　星期一　晴

職務

續寫 DLF-Small Industry Loan 查帳報告，今日所寫為 Findings 之第一段 Background 與第二段 Fund Status，前段在寫明為放此款由當初之 Development Loan Fund 與第一、彰化、華南、中信等四行局訂約放款美金 250 萬之經過，以簡明首要，後段則寫此款截至本年一月底

止之放出各款情形，並附兩表，一為各借款戶之放出與收回逐筆情形，二為各銀行還 DLF 之情形，包括 DLF 對各行發出之 billing，各行實際還償之情形等。

師友

　　故張敏之兄夫人王培五女士來訪，係來此與特務機關辦理手續，據云數月來警察機關常有訪問，視為特別戶口，故須設法擺脫之云。晚，黨校同學在合作金庫開茶話會，由尹合三兄招待茶點，席間並看前黨校畢業紀念冊，當時均二十歲左右，今已三十餘年，不禁感慨繫之。

3月26日　星期二　晴

職務

　　續寫 DLF-Small Industry Loan 之查帳報告，今日續成兩段，第三段為兩家借款人之不適合工業政策，不應為放款對象者，一為信華增加毛紡紡錠，二為義芳化工增加電解鹽生產，第四段為四家滿一年不使用之機器須 claim refund 者。

交際

　　晚，約王培五女士及其次子張彪、次女張淼吃飯。

3月27日　星期三　晴

職務

　　月來所寫之 DLF-Small Industry Loan 報告，因資料未齊，故不能完稿，其中所缺者為味全公司之部分進口單據未能查出，又太平洋電線製造廠之一項未用儀器經

前次查核後，又謂實非未用，有待複查，余乃於今日上午到各該廠補作查核，味全方面兩項單據均已尋出，但仍缺少 Packing list 與報價單等，實無再往之時間，只好聽之，太平洋方面之儀器事實上已在使用，前次陳君前往時，該廠曾指向一項未用儀器謂須洽原供應商調換，致未使用，但次日又謂並非該項儀器，而又不能確指，今日往作進一步核對，始知前次確為誤指，該項問題並不存在云。

3 月 28 日　星期四　雨

職務

完成月餘以來所查之 Development Loan Fund - Small Industry Loan 之查帳報告，今日工作為寫 Recommendations，不與 Funding 相對照，原則上已照現行新辦法省卻若干純敘述之文字，故篇幅不多，完成後交一同工作之陳少華君複核一過即行交卷。去年開發公司查帳報告經一再改寫，現在似無新問題，故余今日將該一 Revised draft 交美援會 copy 前往面交樓有鍾兄。

師友

晚，徐嘉禾君來訪，談其最近在林務局職務調動情形，涉及其局內他人時，多有過分之處。

3 月 29 日　星期五　晴

瑣記

慶弔餽贈最費周章，余到台以來，原則上均以現款為之，簡單實惠，雙方稱便，惟在受者無所陳設，贈者

亦失所表現耳，其有不能送現者，或因場合不適，或因
需要不同，則亦用幛鏡花籃等，則全為浪費矣，張金鑑
兄之母八十慶壽，今日與德芳到市上採購贈品，久久難
得適合者，有木刻壽星，大小不等，但索值太昂，且無
實用價值，瓷器燈架亦適合老年人之用，而款式不佳，
最後選定台灣新出鐵杉木盤二隻，牛角小碟四隻，紫色
花瓶一對，大致差強人意，且有實用與陳設之二種價
值，共費二百元，亦適其中也。

3月30日　星期六　晴

譯作

　　隋玠夫兄為台灣省合作金庫約譯之 *World Agriculture*
去年七月號（季刊）內文字除前已譯成一篇外，今日續
成一篇，原題為 Supervised Credit in Rural Development
Programs，譯題為農村發展計劃中之監理信用制度，文
長三千餘字，簡單說明不靠抵押不恃信用之放款制度，
而其重要憑藉則為農村生產之增加與教育推廣等輔導工
作之推行，作者不名，乃係該刊發行機構 International
Federation of Agricultural Producers 之計劃報告，此種信
用型態在昔年大陸上非無其例也。

師友

　　下午到信義路張金鑑兄家送其母壽禮。

3月31日　星期日　晴

體質

　　三日來右趾發炎，與三週前所患完全相同，如此長

時間諒不致為一病之再發，余因已知該項治療方法，故
三天來每天服長效消炎片二片，其間一度腫脹甚劇，入
夜不能成寐，今日始覺漸好，但不良於行，張金鑑兄之
母八十壽為今日，本約余為招待員，因之不能往，由德
芳一人率紹彭前往焉。

師友

　　同鄉趙儒生君來訪，渠在政治大學今夏畢業，曾來
託為介紹工作，適崔唯吾先生任董事長之新竹中德醫院
會計孫瑞華君即將去職，余乃介紹趙君接任，當去函徵
求意見時，久久始接復信，對此事完全未提，余乃復崔
唯吾先生，謂趙君來信無明確表示，言外似不願就，云
云，今日趙君來此仍未先提此事，余即將上情告知，彼
始謂該院須期待二個月始能前往任職，故不擬前往云，
趙君又談其數年來由退役而苦學之經過，實有難能可貴
之處，然亦無怪其世故如此之深也。

閱讀

　　無事閒讀，所讀為三月份 *Reader's Digest*，一篇為 A
Yank's-eye View of British Logic，寫在英倫所見一般生活
習慣之不可解，極富幽默感，I've Discovered Walking，
寫步行之可以獲得不能以其他方法獲得之知識，No
Wonder 寫好奇為一切知識之源，均頗有見地。

4月1日　星期一　晴

體質

右大趾發炎處，今日又見輕減，但為防其再有反覆，上午到國民大會秘書處取來診病證明單，隨至各保險醫院聯合門診中心診視，據云問題不大，須繼續服藥，當開二天量，每天二次，每次四片，並用熱水泡燙。

師友

上午，訪隋玠夫兄，贈送晚間河南梆子戲票。

家事

因紹南索購翻版書，為湊足三公斤包裹，經先後購內衣等件（褂三褲四），今日又見全祥茶莊有新龍井，乃購寄約一磅，共成包裹一件交寄。

娛樂

晚同德芳到一女中看張金鑑兄母壽豫劇公演，由張岫雲主演香囊記，又名文武換親，張伶做工甚好，惜嗓音太窄耳。

4月2日　星期二　晴

體質

右大趾發炎處已漸痊可，今日仍服用昨日配發之消炎片，每次四片，計共二次。

師友

上午，韓華斑兄來訪，係因聞余患足疾，特來探視，盛意可感。

瑣記

　　函紹南告以昨曾寄去包裹，此函因須附寄印鑑票二紙，故不能用航空郵簡，而普通航空信須在十公分內，過重加倍，余下午將信備好，係用普通封箋，到南昌路郵局過秤，謂十六公分，余乃到紙店買極薄之封箋準備改寫，並先以空白過秤，為十三公分，如無附件亦達十公分，無可再輕，只好以加倍郵資交寄。

4 月 3 日　星期三　晴

體質

　　下午到衛生教育示範中心看成人保健門診，此為第二次，年半以前曾查過第一次，今日只檢查血壓，僅右手，度數為 140/80，醫師謂極正常，此外留下血液 4cc 及小便若干，待下星期三看報告。

交際

　　秦紹文夫人逝世，接通知今日下午舉行治喪委員會，余準時參加，一小時即畢，定七日公祭發引安葬。

師友

　　下午訪隋玠夫兄於合作金庫，因其託譯之文稿原文有缺頁，無法進行，請其再查問他人存本。

瑣記

　　所用公共汽車月票有五十年者一冊，原無終止限期，故存備新票用完不及換購時補缺之用，前日使用時遇有車掌留難，但未峻拒，今日又遇，但大體上均照用，怪事也。

4月4日　星期四　晴
家事

　　新生報副刊新生兒童舉行有獎徵答，紹彭得第一名，雖有紹寧、紹因之協助，然亦自不易，頒獎於今日下午在新生報四樓舉行，余率紹彭參加，到者兒童為多，家長只數人，報社則甚重視其事，由副總經理顏君主席，社長王民報告徵答之意義，副總編輯童尚經報告出題與評判經過，然後頒獎，由小而大，紹彭最後受頒新台幣五百元，當場並接受訪問，會後參觀該報印刷廠而散，該款以一成買糕點，轉贈紹寧、紹因 3/5。

娛樂

　　今日為與德芳結婚紀念，晚到藝術館看電影小天使（Polly Anna），珍蕙曼主演，好片，聲光太差。

4月5日　星期五　晴
譯作

　　為合作金庫刊物所譯文稿，三日來又完成一篇，篇目為「泰國農業合作事業之現狀」（Present Condition of Agriculture Cooperation of Thailand），乃今次隋玠夫兄所由日本舉行農業合作會議取回之各國所提報告集，此一泰國報告在該集內為最長而內容最為充實者，全文譯完約八千餘字，惜因缺少原文一頁，待查補之中，故其中缺少部分待補譯始能完成焉。

交際

　　國民大會江西代表熊恢七十壽，普發徵文啟事，將於星期日設堂受賀，余雖素昧平生，然既為代表同仁，

亦由啟事資料擷集八句寫好寄去，文曰：「出入新舊，
從容博約，既富且教，亦術亦德，文武兼資，體用兩
得，身強心健，壽人壽國。」堆砌而已。

4 月 6 日　星期六　晴

參觀

下午，同德芳到士林園藝所看蘭花展覽，此次展出
蘭花仍以洋蘭為多，蝴蝶蘭甚少，又各種盆景如榕樹、
楓樹點綴其間，甚饒風趣，至於有北投一花園展出各種
玫瑰，五色繽紛，花朵極大，亦為此次特色，庭前則盛
開者為茶花，但一律暗紅，並無出色之處也，最後買玫
瑰三朵持歸。

瑣記

到合會儲蓄公司詢問去年利息所得之抵繳綜合所得
稅憑單事，據稱去年該公司均為統繳，未分戶呈報，故
未能提供各戶抵繳憑單云。

4 月 7 日　星期日　晴曇

師友

上午，到本路近鄰而居之蔡子韶氏家探望，因昨
日德芳曾往，悉其臥病已半月，故往探視，其所患為宿
疾，肺癆之類，不能受外感，不能有勞累，必須靜養云。

慶弔

上午，到極樂殯儀館弔祭秦德純夫人孫挹清之喪，
昨日曾送輓幛，題字為福壽全歸。

閱讀

讀四月份 *Reader's Digest*，有文曰 One Thousand Dollar Bill，寫一保險公司職員如何因拾得一張千元大鈔而使其前途大為改觀，故事發展雖近情理，但仍然含太重之傳奇性，此文昨日由美國新聞處華世貞譯載新生報，譯筆極佳，惜有錯誤兩處，一為 subjunctive mood 之誤解，二為誤認 commendation。

4月8日　星期一　晴曇

職務

本月份派定之工作為查核 Tourism Promotion 1961-1963 之用款帳目，今日先調閱有關文卷，該計劃係自 1961 年開始，包括觀光小組與故宮博物院遷建工程，在 1961-1962 期間為相對基金所支援，至 1963 年則改由美援會主管之 Special Account No. 10 內支用，此一帳戶用款甚少，但 1962 年之相對基金用款直至二月底尚未結帳，而該年度之 Deadline date 應至去年十月底止，何以如此拖泥帶水，則尚未能立即明白也。

4月9日　星期二　晴曇

職務

繼續閱覽有關 Tourism Promotion 一案之文卷，今日重點為其各年度之預算，該項預算在 Fy1961 經費內曾數度審編送核，前後有所不同，直至 1961 年三月間始將所送預算核定，但不久之後又於六月中修正，其時年度已瀕於終了，本不應准其修正，但並未駁回，於是

繼續支用，據美援會人員不負責任之說法，謂其使用期間已延長至 1963 之六月底，則超出 deadline date 一年矣，此等情形為不習見者。

師友

下午，隋玠夫兄來訪，送來合作界二冊，並稿費二百五十元，本期合作界內載有余所譯之「世局下之北美洲農業」。

4 月 10 日　星期三　晴

職務

繼續閱 Tourism Promotion 文卷，大體上本署所存部分已經閱完，但只為 Fy1961 與 1962 部分，其中尚有 1963 為 Account No.10 內撥款，已轉洽一同工作之趙萃年君由美援會調閱。

體質

上星期三在衛生教學示範中心檢查體格，其中驗血、驗尿二項，應於今日揭曉，乃於下午前往複診，經醫師報告結果，尿之蛋白質、血之糖分等項均屬正常。

娛樂

晚同德芳到中山堂看電影，華德迪斯奈「海角一樂園」（Swiss Robinson），平平。

4 月 11 日　星期四　晴

職務

本擬於今日起開始到交通部觀光小組查核其連年使用相對基金情形，但今晨美援會趙萃年君云該小組新近

粉刷房屋方畢，又值其一處辦公之交通小組今日接待海外來賓，十分迫促，希望最好能於下星期一開始往查，余亦因此項工作係由梁君與余同往，彼之工作支配係於下星期一開始，故亦樂得如此安排，以資合拍云。今日整理六年來所作之查帳報告，並自 1962 年起另裝新冊，實際去年一年亦只了了四、五件而已，又將 1962 以前之 Staff Notice 亦去蕪存菁，加以整理。

娛樂

晚同德芳到國都看電影，為關家倩與 Pat Boone 合演之「南施的誘惑」（The Main Attraction），尚佳。

4月12日　星期五　晴

瑣記

德芳語余，今日稅捐稽徵處曾來送房捐稅單，因姓名有誤字，退回改正，該單含房屋出租部分之房捐，按租金 9,600 元計算一成，徵 960 元，初則不解其原因，後憶及係楊小姐在其服務之台灣銀行領房租待遇每月 800 元，係由余代填租約，該行扣繳綜合所得稅租金部分，稽徵處之房捐主管方面依據此項資料按房捐條例有此徵課，余下午往告楊小姐，彼晚間來余家謂將代完房捐，並試行以綜合所得稅抵繳清單抵繳一部分，倘不許抵，則再託余在綜合所得稅申報單上抵繳云。

4月13日　星期六　晴

交際

晚，與德芳到雙城街應李德修原都民夫婦之約晚

餐，計兩席，多為原君同事及李君之親戚等，原因為其
生女滿月答謝各方餽贈之意。

閱讀

　　讀三月份 *Reader's Digest*，The Man Who Wouldn't Quit
一文，原載於 *Drama in Real Life*，此文為一黑人法律家所
作，寫其本人如何在美國種族歧視之狂濤下以極度之忍
耐而奮鬥不懈，最終得其學校之廣大同情，成為學校內
一重要人員，此文雖經重寫，然生動翔實，文情並茂，
尤其描寫在教授會上得到特別表揚之流淚的激動的一
幕，真可為原載雜誌之標準文章也。

4 月 14 日　星期日　陰雨

師友

　　下午，李德民君來訪，談其經過再三考慮後，仍在
台灣造船公司服務之決定經過，完全因在原單位服務可
以取得比較穩定而較高的待遇，因該公司雖隸屬經濟
部，但尚因襲其殷台公司時期之待遇也。

家事

　　紹彭兒在小學六年級，兩月後即須參加初中聯考，
其小學完全不採惡性補習，亦未聘用課外補習教師，故
課外作業全由德芳自己督責處理，今日以往年聯考卷作
模擬國文考試一次，由余與德芳及紹因女共同評閱，均
夠水準，所應改善者為作文怯場與數學之方法正確而計
算反誤。

4月15日　星期一　晴

職務

　　今日開始查核交通部觀光事業小組帳務，上午由該小組兼執行秘書拓國杜君陪同到該組辦公室作一簡報，然後由其會計沈君將帳簿傳票及其有關文卷取出備檢，於是余乃與趙萃年君（美援會會同辦理之人員）開始核閱，下午並與本署一同工作之梁君前往，計今日余已將其一九六一與一九六二兩年度之收入與支出總數及支出中之預算各科目數加以核對，證明帳列與表列者相同，而其帳面之現金結存與銀行對帳單列結存亦屬相符，由此證明其一般程序均屬相符，所餘之工作只為支出內容與憑證之審核矣。

4月16日　星期二　晴

職務

　　續到交通部觀光事業小組查帳，今日所查為Fy1961之支出，其中轉由觀光協會或公共工程局或行政院新聞局辦理者，則憑合約付款，現在只能核其付款單據，以待將來再到各單位詳核，至其中有一小部分自行處理之業務則係核其付款單據，此事比較繁瑣，今日尚未能將其全部單據核畢。

瑣記

　　連日早晚上下班仍採步行，或經植物園，或經新公園，現在草木向榮，杜鵑近尾聲，只有特殊之紅羊蹄甲顯其嬌豔耳。

家事

表妹婿隋錦堂來託介紹復興公司買赴美船票。

4 月 17 日　星期三　晴
職務

全日會同梁、趙二君到交通部觀光小組查帳，今日所注意者為其在 Fy1961 年計劃內開支，而發生於撥款前待撥款後歸墊之部分，雖數目不大，但因其顯然與規定抵觸，故詳細記錄，以備查考或提出於查帳報告之內，下午工作完畢後並將有疑問須加說明或提供資料事項面告其會計沈君，囑查齊後改日補閱。新所得稅法二月一日實施後，對於綜合所得稅規定強制申報，不報則罰，本分署同人從前多未照報，現在既非報不可，乃檢討辦法，初步擬議為比照中國政府公教人員津貼除外之規定，由美國大使館向稽徵處提出折減標準，初步擬議為 40％，已簽名表示同意，尚不知大使館及稽徵處是否接納焉。

4 月 18 日　星期四　晴
職務

今日開始查核 Tourism Promotion 內用款單位之一的台灣觀光協會的帳務，上午與梁、趙二君同往，與其雷執行秘書及陳秘書作一般性的交換意見，並與其會計顧問徐克仁君談其帳務結構，後知該會之會計工作係由一王女士擔任，王為生產力中心徐克仁君之夫人，如此徐君乃成為非正式之顧問矣，下午同往開始查帳，所

查為 1961 與 1962 兩年度，由梁君查 1961，余與趙君查
1962，余今日已將其三月底之報表與帳簿加以核對，證
明相符，現金存在銀行。

4月19日　星期五　晴晚雨

職務

　　全日在台灣觀光協會查帳，本日起開始查核 Fy1962
之費用與單據，此次所查本含兩個年度，其中 Fy1961
大部分前經一同工作之美援會趙萃年君查過，故渠此次
乃查 Fy1962，余因此部分分量較大，亦擔任此年度，
由梁君擔任 Fy1961 年度，余本擬按每一科目依帳記情
形抽查傳票單據，後見趙君因共同工作關係二人不能恰
好劃分，彼係對一冊傳票連續審核，故余亦只得於必要
時兼用此法，有時因而不免混亂，亦無可如何之事也。

娛樂

　　晚同德芳到明星戲院觀豫劇張岫雲演大祭椿，大體
上唱做均佳。

4月20日　星期六　晴晚雨

譯作

　　譯「菲律賓的合作事業」一篇，計三千字，原文為
菲律賓農業合作金融管理局在去年亞洲合作會議所提之
該國合作事業報告，此文有一最大優點，即對該國過去
之封建落後毫不文飾，且認為解除農民貧苦乃政府之責
任，此等見地乃馬高巴羅總統之一貫政策，乃菲律賓改
造運動中之同聲一致的見解也。此文為該項報告中所譯

第三篇。

慶弔

　　上午，計政學院同學章長卿在極樂殯儀館出殯，前往弔祭。晚同德芳到自由之家參加牟尚齋兄之子呈祥結婚典禮。

4 月 21 日　星期日　晴陣雨

娛樂

　　上午到新生社看空軍小大鵬星期早會平劇表演，戲碼三齣均甚整齊，一為鄒國芬、夏元增之小放牛，身段蹻工均為童伶中所難能，二為林光華等所演獅子樓，由武松祭兄起，至殺西門慶與潘金蓮止，四刻始畢，其中林之武功甚好，但尚缺武松應有之渾身丈夫氣，此則非一朝一夕所能學成者，末為嚴蘭靜張樹森等合演之二進宮，二人在劇中功力悉敵，只老生徐龍英略有遜色。

參觀

　　下午同德芳到華南銀行參觀蘭花展覽，計洋蘭、蝴蝶蘭、石斛蘭、萬代蘭、均有精品，尤其蝴蝶蘭之多，為歷來該行所舉行之蘭展中所僅見，名貴品種亦不一而足，較之士林園藝所所見又自不同。

4 月 22 日　星期一　晴

職務

　　全日在台灣觀光協會查帳，瑣碎問題甚多，例如支付稿費一千二百元，問係何稿，謂係交通部觀光小組通知支付，未知何文，顯有濫用權力之嫌，又如郵費支出

之用於寄發一種半月刊者，先將一筆郵費總領開摺存
入郵局生息，現在半月刊早已寄滿，而此帳未見正式結
束，仍含混的在正式費用帳內不作預支，不查不知，實
完全不合規定也。

慶弔

　　上午到極樂殯儀館弔唁吳世瑞先生喪。

交際

　　晚，觀光協會在中國大飯店請客，到余與趙、梁二
君，該會雷、陳二秘書及職員莊君等。

4月23日　星期二　晴

職務

　　全日在台灣觀光協會查帳，因美援會趙萃年君有他
事未往，僅余與梁君二人，辦公時間相同，可以提早前
往，致查帳時間得以延長，余與梁君分頭所查 Fy1962 與
Fy1961 之帳同於今日結束，其中大體上均尚就緒，只有
稿費報酬漫無標準，而有時又代交通部之觀光小組支付
內容不甚清楚之款，究竟如何，非至小組核對後不能知
其底蘊，而小組所支費用須由協會列帳，亦甚費解也。

交際

　　陸軍總司令劉安祺在英雄館約同晚飯，在座皆國大
代表，由陳煥彩等代表招待，目的為請協助軍方提名台
籍黃君競選本屆省議員。

4 月 24 日　星期三　晴晚雨
職務

　　上午，同趙梁、二君到觀光協會查帳，今日工作為查核其財產管理情形，由梁君就其印刷品之登記結存與實際狀況加以盤點，有勉能相符之項目，亦有不能核對之項目，總之管理甚鬆，余則就其照片與燈片之情形加以觀察，發現根本無收發記錄，其中最貴之照片有每張750元者，燈片有每張千元者，而處理不加珍視，亦云怪矣。上午又到觀光小組查詢該組由觀光協會代付費用情形，有稿本不能立即取出者。下午開始查核省觀光事業委員會帳目，與副主委高大經與關係人員馬、鍾諸君交換意見，並與梁、趙二君分配工作，明日開始進行。

4 月 25 日　星期四　晴雨
職務

　　與趙、梁二君續到台灣省觀光事業委員會查帳，梁君查 Fyl961 美援款，但因單據等件為以前人員所辦，經電話聯絡，至晚尚無要領，趙君則賡續其去年所查之部分，亦即各種訓練班第一、二兩期，於今日查完，余擔任第三期，因資料不全，加以余對於其過去情形隔閡甚多，故進行較遲，今日只查其中之上課鐘點費與加班費兩項，前者有導遊、旅業、餐業三個班，但功課表只有導遊一種，其餘謂已無存，故不能核對其上課所付鐘點費是否與功課表一致云，後者則因該會經常費不由美援負擔，其加班費情形相似，亦不應在計劃內動支，其會計人員則云因性質相近，但授課資料尚無佐證云。

4月26日　星期五　晴

職務

全日在台灣省觀光委員會查帳，一同工作者梁炳欽君，至美援會之趙萃年君則請公假，余所查為其觀光人員講習班之第三期開支，已全部查完，並將其已發生而因款未領到遲未照支部分作初步查核，查完後告其高大經副主委謂交通車費私人收據不合規定，而加班費係預算未定項目，應勿開支云。梁君所核其1961年之開支二萬四千元，原經手人未將單據送來，經高君一再催促已經他就之經手人前來面詢，始謂將剋日補送，一星期為期，但另據該會會計人員云，實際為圖謀多報旅費，會計人員未准，以致拖延至今兩年未報云。

4月27日　星期六　晴

譯作

全日校閱陳禮兄所擔任之英國所得稅法譯稿，此稿本互相校閱，彼之部分較多，余為時間所限，只校其一部分，後彼又請余續閱未校部分，時間仍然不夠，余擬此次只校其有五類所得之資料，乃由第一、二類所得開始，半日間到達第九十九與一百條，見有余所粘意見，始知此部分已校過，時間完全浪費，而彼對余之 99-100 條譯文註云以原文為較妥，經詳細推敲，非文字問題，而係文義有所誤解，而陳兄竟不知之，余閱後深覺時間白費，今日接校 Schedule C 與 schedule D 之一小部分，準備以可能支配之時間校至適可而止，又彼草序文一篇，甚佳，但余不主張由二人署名。

4 月 28 日　星期日　晴

職務

本稽核組組長 W. B. Millman 兩月前回美度假，今日偕其夫人回台，上午十一時半同本組同人到松山機場歡迎，本會會計處美國人員則全到。

選舉

今日投票選舉省議員，本里投票所在消防隊，余於上午九時前往投票，舉第三號候選人黃光平，此為劉安祺氏所活動者，德芳亦投彼之票。

報稅

本年應申報去年之綜合所得稅展限至本月底止，余於下午填表，並親送古亭區稅捐分處，所填所得為利息房租（虛擬，但已扣繳），因免稅寬減為六口共 36,000元，國大待遇不算薪俸，故請退稅。

4 月 29 日　星期一　晴

職務

今日開始查核觀光發展計劃下公共工程局經付款項部分，因美援會方面之共同工作者趙萃年君公假，故只由本署余及梁炳欽君前往，該局用款在一九六一年度為調查北市近郊四風景區、陽明山航空測量及龍山寺改造設計等項，其 1962 年則為陽明山國家公園之設計工作，余與梁君各查一年，余查 1961 年，所支款項有大部分為以契約方式轉託其他機構辦理，如四風景區測繪委託公路局，設計委託一建築師，而龍山寺則只畫數張藍圖附以施工說明，有類招標文件，凡轉託者均按整數

付款，計付三十餘萬元，另留六萬元購用紙張文具等項，故全部觀察，其使用亦最終亦非最終也。

4月30日　星期二　晴

職務

上午，同梁炳欽君續到公共工程局查核觀光計劃用款帳，余將 Fy1961 年之用款單據完全核對清楚，手續均無不合，但所購各項文具紙張用品為量太多，顯然非本計劃所需要，但又不能確指其若干應為本計劃所用，故只好不加區別，認為尚非用於計劃預算以外者，至梁君所核 Fy1962 年度部分則除與建築師訂約付以整數外，該局尚保留一部分為獎金及印刷用途，其中獎金非預算項目，然預算有「其他」一項，獎金為數不多，勉強在此中列表，亦不加挑剔矣。

交際

午應公共工程局約在峨眉餐廳便餐。

5月1日　星期三　晴

職務

　　一月來所查之觀光計劃經費，今日已為最後一個用款單位，即行政院新聞局，該局係於 1961 年經費內受交通部觀光事業小組委託攝製電影一部，名為「寶島三日」（Three Days in the Island Beautiful），上午先行了解其記帳方式，蓋此項用款係以二十三萬六千元用於國外洗印分配費用，而以八萬元為攝製及交通等費用，今日看其帳簿記載情形，完全與其本身支出混合記載，且用暫收暫付科目，雖帳上記有若干筆，均可由摘要欄辨識其屬本計劃，然因帳上無傳票號數，在核對時記帳人究未能逐筆一一尋到無遺。下午放映此片，歷時 28 分，取材頗佳。

師友

　　晚，陳禮兄來訪，談希望余對彼所譯英國所得稅法部分盡量多加校閱，余表示應早付印，日內先閱至 168 條。

5月2日　星期四　晴

職務

　　與趙、梁二君續到行政院新聞局查核受觀光小組委託製寶島三日影片之帳目，余所查為其申購政府外匯向美日採購片材之用款，發現問題有以下各端：（1）結購外匯付給中央信託局一萬三千餘元，為採購手續費，其實為新聞局自行採購者，況此項手續費為相對基金不許支付之項目；（2）該局定製影片八十部，係 1961 年計

劃，但一年後又於去年加印二部，超出用款限期，且極
可能為收受價款代其他方面辦理者，例如觀光協會向該
局所買一部，即在此時，故不應核銷也。

5月3日　星期五　晴
職務
　　今日開始整理一月來查帳資料，以便編寫查帳報
告，其中有在查帳時認為須予以剔除，但容許其補正手
續者，則儘量使其能早作補正，庶乎在報告中即可不必
再提，其中包括觀光協會兩種情形，一為在付出郵資時
並非按當日實支數入帳，而係預付一筆總數，存入郵政
儲金，陸續支用，且略生利息，經囑速作清結，又有交
際費二筆照章不得列支，此二筆今日電話詢問，據經辦
之莊君云均已轉帳，且將儲金部分餘款與利息亦如數入
帳，並電告傳票日期號碼，以資證實，此二種剔除款即
將在報告中不復提及矣。
慶弔
　　秦亦文兄之喪，上週已殯葬，下週在台中開追悼
會，余下午到國大聯誼會託帶賻金，因已彙轉，故另行
郵寄。

5月4日　星期六　晴
譯作
　　譯去年亞洲農業合作會議馬來亞聯邦所提出之工作
報告，近四千字，此為合作金庫隋玠夫兄為該庫出版物
所委託，文字簡單，進展甚速，該報告共有六國，已

譯成三國，惜其中有泰國部分缺少原文一頁，余預留空
白，至今隋兄未將另本尋到。

聽講

　　下午同德芳到台大醫院聽楊思標教授講「肺癌」，
多為常識說明，歷時三刻鐘。

家事

　　下午到姑母家探詢妹婿隋錦堂出國成行日期，據云
須趕於七日由高雄起椗云。

5 月 5 日　星期日　晴

家事

　　表妹婿隋錦堂明日赴高雄轉美留學，昨日往約於今
日為之餞行，但因時間不夠，表妹姜慧光堅決辭謝，乃
於昨晚與德芳往購汗衫四件為贈，今日德芳又往購肉鬆
一斤，今晨余送往為贈，但仍只晤及表妹，並託明日再
為紹南帶去電鍋一隻。

譯作

　　譯「新加坡的合作運動」，亦係在去年亞洲農業合
作會議之報告，計一千五百字，連同昨譯馬來聯邦的合
作運動，併寄合作金庫隋玠夫兄。

娛樂

　　上午看小大鵬公演平劇，因遲到，承不收票入場，
末齣為徐渝蘭演三堂會審，唱來嗓音嘹亮，行腔甜潤，
為後起中不可多得者也。

5月6日　星期一　晴晚雨

體質

　　右下臼齒最後兩顆本已孤懸數年，但未使用，其原因前面空兩顆，咬嚼不便，且該兩齒之神經亦甚脆弱，連日有痛感，今日下午尤甚，上午到公務人員聯合門診中心由專任醫師陳立元診療，認為以前拔除時應補假牙，現在後面兩顆俟不發炎後亦應拔除，今日先配消炎與止痛藥服用。今日請病假。

家事

　　表妹婿隋錦堂今日赴高雄，晨八時余到車站候姑丈與表妹送行李來幫同過磅，並到復興航業公司候取赴美船票，諸事於九時半辦妥，十時車站送上車，德芳亦如時趕來送行。

5月7日　星期二　晴

體質

　　右下齒之發炎情形自昨、今兩日各服消炎片二片後，今日已經輕減，上午在寓養息半天，下午到辦公室銷假，雖覺有如病後無力，然終係局部疾患，未動根本，又止痛藥片只昨日服用二次，今日即未再服矣。

職務

　　下午恢復辦公後，即開始寫作 Tourism Promotion Project 之查帳報告 Findings，此共三段，今日凡寫二段，一曰 Background，將該計劃三年度經費之來源及分撥於各 implementation agency 如觀光協會、觀光委員會、公共工程局，及行政院新聞局之情形加以敘述，次

曰 Procedural Deficiencies，描寫其運用援款之程序上的
缺點，如未立專戶記帳等是。

5月8日　星期三　晴
職務

　　上午約集上月查核 Tourism Promotion 之趙、梁二
君談查帳報告內容問題，決定：(1) 1961 年度曾規定不
得用於該年三月十四日以前經費，經決定從寬，因當時
所用尚合於計劃之目的，且有 3/14 以前之發生權責而付
款則在 3/14 以後者，(2) 觀光小組通知觀光協會列帳而
不知內容之三筆稿費由趙君催小組速提出證明，趙君似
曾受小組執行秘書之託者，(3) 行政院新聞局支用中信
局手續費及用途不明而年度終了後過久之兩部影片，均
照剔除，(4) 觀光委員會支出不多，各筆除捐稅因少數
免剔外，其餘照剔。上午觀光委員會高大經副主委來送
旅費報銷。

5月9日　星期四　晴
職務

　　今日將 Tourism Promotion 之查帳報告作最後之審
定，並囑梁君將附表算好，至此始為完成。下午與鄭學
楨君及美援會胡超德君同到退除役官兵輔導委員會訪
會計處王紹堉君，談下星期即將開始共同查核該會之
Retired Servicemen's Placement Fund，說明來意，並與
主辦之羅教政君洽索並調閱有關文卷，先作參閱。

交際

晚，本稽核組同人在士林公請主任 Millman 及夫人，緣二人係公假回美再度回台連任，本組同人表示歡迎，除全體同人外，並各攜眷參加，余與德芳前往，飯後打 Bingo，贏眼鏡、糖果等。

5月10日　星期五　晴

職務

全日閱覽退除役官兵就業輔導委員會 Placement Fund 之有關文卷，知其重要特點如下：（1）輔導會為此項基金之處理設有保管會，每月底編製資產負債表，以其中之損益項目在一張表內處理，且不按滿收滿付原則，將對於退役軍人事業計劃之贈款由財務收入內抵除，使財務收入科目變成紅字；（2）因表之日期為三月底，而損益項目混列一起，因而不知其損益項目所屬之期間為何，自為一重大缺點；（3）輔導會對於此一基金應負擔之三千萬元並未繳足，惟基金現款結存甚豐云。

5月11日　星期六　晴有陣雨

慶弔

上午，到極樂殯儀館弔祭于兆龍氏，于氏患肝癌逝世，而老母尚在，年逾八旬，今日下午暫移葬台中。

聽講

下午同德芳到台大醫院聽蔡詩星教授講老人營養問題，大體上為脂肪、蛋白質不宜過量，醣亦減少，維他

命 B、C 與鐵、鈣不宜缺乏等，多為已知之常識。

體質

　　到公保門診中心陳立元醫師診右下最後二臼齒，昨日略有發炎，但認為可拔除，於是進行手術，略外一顆拔除較易，後面一顆因牙根斷落二段，略費周章，但大體上尚不算痛，所含藥布歷一小時撤除，失血甚多，午飯後即無更出血現象，麻藥三小時後解效，略痛，服止痛藥二次，另一種似為消炎藥粉，每四小時一次。

5 月 12 日　　星期日　　晴陣雨

譯作

　　由於與陳禮兄合譯之英國所得稅法中，陳兄所譯部分上月交余繼續為其校閱，其間余因分量太重只允適可而止，並希望早日付印，俾知確實字數而得以結算稿費，但彼再三託余加以補閱，余只允至本日為止，明日即須出差，故余今日將已校閱完畢之第三至五類所得有關條文及緊接之 169 與 170 條內有附小條之修正處加以整備完畢，備其來取。

娛樂

　　上午，同德芳到新生社看小大鵬平劇公演，鈕方雨演探親家，古愛蓮演六月雪，張富春等演鐵公雞，均佳，此為其第二百次演出紀念。

5 月 13 日　　星期一　　晴

體質

　　前日拔去右下兩臼齒後，即每四小時服藥一次，至

今晨共服七次，傷口無異狀；今日上午依前日陳立元醫
師之約定前往聯合門診中心檢查牙床，據云情況良好，
為余洗滌後，即行辭出，約定兩星期後到其診所商洽裝
牙事。

職務

今日開始到退除役官兵輔導會查該會 RETSER
Placement Fund 帳目，一同工作者為鄭學楨君及美援會
胡超德君，二人為就現金狀況求了解，余則先由其會計
制度之了解著手，其法為由其所作之 Balance Sheet 核
對總帳與明細帳之餘額，以覘其科目情形，大體言之分
類帳共分三級，內明細二段。

5月14日　星期二　晴

職務

全日在退除役官兵就業輔導會查帳，仍為就其所用
會計制度加以了解，而其方式則為審閱其已記之帳項，
並隨時與主辦人員討論，藉以知其有無另外的特殊情
形，今日已了解於其已有之正式帳簿外，尚有卡片之建
立，卡片除按帳戶設立外，尚有在第三級補助帳以下之
另行分戶記載，而卡片之資料則較帳內所記為尤詳也。

聽講

晚到美國新聞處聽美國新墨西哥大學教授 Bohm 講
美國之哲學，分 Popular、Professional 及 Political 三部
分，並主印度、中國哲學均將對之發生影響。

5 月 15 日　星期三　晴陣雨

職務

　　會同鄭、胡二君在退除役官兵輔導會查安置基金帳，余今日之工作為分析其損益類各科目之內容，並進而求製一損益表，蓋每月報表名為 Balance Sheet，最末一行有一科目曰 Financial Receipts，表示其每月之收支盈絀數，此數為其各損益科目相抵之結果，至於各月份數既係按月轉帳，自然無盈虧累計數，然其表上末端有一行註腳，即為說明其當月盈絀數之來歷者，該說明所採之損益數則為累計至製表日之長期數，其來歷為將該有關各帳戶之累計數用統計方式以鉛筆註明，此鉛筆數則抄入表末註腳，此等方法固完全為遷就其已經採用之方法，不足為訓也。

5 月 16 日　星期四　晴

職務

　　續到退除役官兵輔導會查帳，各不設明細帳之科目即據其總分類帳加以分析，主要者為其安置基金內基金科目下之 Unused Balance & Disallowances 一科目，其中將各美援計劃歷年所收入基金之剩餘款與美援會與本分署查帳剔除款之轉入混入一個科目，余因此二者性質大異，乃逐筆分析其屬性，並記錄其原屬於何項何年度美援 Project，因帳內摘要太簡，須逐筆檢查傳票，故進行甚緩。

娛樂

　　晚同德芳率紹彭到中山堂看電影國王與神燈（The

Wonders of Aladdin），甚熱鬧。

5月17日　星期五　晴
職務
　　繼續查核退除役官兵輔導會安置基金帳內關於剩餘款與剔除款之收帳內容與所屬計劃等，大部分均已將計劃號數查出，亦有原傳票未註明須待補查者，又為將來就其已收到之剩餘款核對應收到之剩餘款究有若干，經向主管人員索取各計劃歷年實支數統計表，以便與原撥款數比較而得其應有之數，但因剩餘款之收回數甚為零星，未知能否相符也。
師友
　　同事鄭學楨君準備出國，因改變留學國之美國為加拿大須申請改換留學證書，同到教育部訪張隆延兄查詢，據云無何困難云。
家事
　　晚同德芳率紹中到永和鎮探視姑母數日來服張百塘中醫師處方情形，據云有相當進步。

5月18日　星期六　晴
師友
　　上午，同事鄭學楨持來出入境保證書一式二份，團管區保證書一式二份，連同昨日交余之外交部申請護照保證書一份，教育部留學保證書一份，共六份託余作保，余於蓋章後並寫條交其到國大秘書處用印。同學會郝遇林兄寄來反攻儲備登記表，今日填寄。

聽講

下午同德芳到台大醫院聽陳正言大夫講風濕病，對成因、種類、預防、療法，均有解釋。

交際

陽明山莊周天翔同學請經濟組同學聚餐，並欣賞電視台現場歌舞表演，甚有意趣。

5月19日　星期日　晴

譯作

為合作金庫譯「日本的合作事業」，約二千五百字，其中專用名詞多係數日前由同事陳少華君轉向此間三井支店人員查詢者。前譯「泰國合作事業近況」，因原文有一頁缺少，玠夫兄久尋無應，乃將該頁作廢，另謀銜接之道，於今日完成，至此二文均於本日寄出，前者約八千五百字，另函隋兄聲明其指定此項合作報告六篇已完成五篇寄出，至越南一篇則只有表格數張，擬予作罷。

娛樂

下午同德芳到國都看電影，為五彩國片梁山伯祝英台，樂蒂、凌波主演，雖為黃梅調，演技甚佳。

5月20日　星期一　晴

職務

續查退除役官兵輔導會安置基金帳內之剩餘款與剔除款一科目，數日來皆為此一科目工作，刻已完成，其中有若干沖進沖出之曲折情形，特別浪費時間，然經說

明後尚未發現重大不符之處。

師友

　　下午，到沅陵街訪蔣書棟會計師，探詢其去年參加紐約世界第八次會計師會議經過，據云省會計師公會四人、全國公會一人，後者有官方費用，乃朱慶堂個人關係使然，又五人中除彼一人外無通英語者。

娛樂

　　晚到中山堂看戲，為政大校友會校慶所演，李環春四杰村，李金棠文昭關，張正芬天女散花，尚佳。

5月21日　星期二　晴

職務

　　繼續查核退除役官兵就業輔導會之安置基金帳，今日就昨日所核其安置基金來源收入之向來美援計劃剩餘款與剔除款之劃分加以深入觀察，蓋此二者該會均收入基金一帳戶內，但本分署之立場則認為凡屬剔除款均應解繳美援會，於是須將此種應交美援會而勉強繳入本安置基金之款數加以明瞭，以便囑其照繳，至於有屬於剔除款而在查帳報告指示可以繳入安置基金者，則應認為處理適當，故逐筆之分析為絕對必要。今日已大體分清，將來須進一步再查核其應解繳而根本連安置基金亦未解繳之剔除款，至於應解入基金而未解入之剩餘款則情形複雜非片言可盡，但亦須詳細查明也。

5 月 22 日　　星期三　　晴陣雨
職務

　　續查退除役官兵輔導會安置基金帳，今日核其最重要收入之棲蘭山森林開發收入之內容，此為東西橫貫公路沿線之最大財源，四年來連同尚未轉帳之去年收入共為一億一千餘萬元，自一九五九年即有盈餘，以後每年增加，惟上項收入數內大部分作為轉投資該事業之用，而該事業之營業決算極為詳細，其盈餘是否不致損及資產，以及資產是否有虛列情事，則須另加分析矣，據云每年決算均有該會前任職員現在掛牌之會計師審核，尚未見其審核報告焉。

5 月 23 日　　星期四　　晴
職務

　　今日續查退除役官兵安置基金帳，今日進行工作有二，一為由森林開發處解繳盈餘帳，進一步查核該處去年之決算表，即作成一項比較資產負債表與比較損益表，以與此次查帳截至之四月底餘額相比，二為查核該基金會之費用，原來有薪俸與辦公費兩科目，其後併入贈與科目內之一個戶名為「基金會管理費」者，顯然當作一個計劃，自有未當，經將其內容各費之內容性質，按薪俸辦公旅費委員會費等項加以彙計，以知梗概。

師友

　　晚，佟志伸兄來訪，談下月將赴紐約一商業銀行實習，其服務之中央銀行供給船費，詢余有無託辦事項，當約定於下星期六為其餞行。

5月24日　星期五　晴

職務

繼續查核退除役官兵輔導會安置基金帳，已將其最大之事業機構森林開發處之去年底決算內容加以審核記錄，該項紀錄為供將來參考，若僅就其表面觀察，所有財務報表似均甚完善，但未知內容如何耳。此外即查核其 480 法案分配糧食收回價款之各項文卷，此事甚為複雜，尚未動手查帳內所記各情，先就各有關文件求取了解。

娛樂

晚同德芳率紹彭到大世界看電影，為 Glenn Ford 與 Shirley Jones 主演之選妻記（Courtship of Eddie's Father），極有趣味。

5月25日　星期六　晴

譯作

為合作金庫研究室譯 *World Agriculture* 季刊內所登聯合國文件節錄 "Rural Development in Africa" 一文，譯題曰「農村開發在非洲」，計四千字，費時五小時，尚未細加潤色（此為該項譯作第八篇）。

聽講

下午到台大醫院新教室聽老人福利協進會舉行之第七次演講會，由戴颺醫師講病痛之分析，由頭胸腹背四肢之疼痛以觀察可能代表之疾病，說明極為詳盡，末談及其衛生原則六項，錄之於下：（1）注意營養，控制體重；（2）飲水沐浴，清腸去垢；（3）工作勿累，睡眠充

足；（4）力呼深吸，天天散步；（5）勿怒勿愁，血壓平穩；（6）持之以恆，延年益壽。

5月26日　星期日　晴
瑣記

　　下午無事，整理歷年國民大會所配售之中本公司每年兩次衣料，因年次已久，未知共有若干次，但由存料情形，使用情形，推定大致共有十二次，冬夏各半，其間用於余製衣者，冬夏各一，用於家人分別製衣者夏料一段，用於餽贈紹彭之級任老師王聖農先生者冬料一段，共為四段，故現存冬夏各為四段。

閱讀

　　讀五月份 *Reader's Digest*，有文曰 The Wonder of Honey，記述蜂蜜已有一萬五千年歷史，而蜜之特性為營養豐富，如不雜他物，經多年不變，又每磅之蜜須工蜂一萬五千次採花始可釀成，極有趣味。

5月27日　星期一　晴
職務

　　續到退除役官兵就業輔導會查核安置基金帳，今日所查為其中之基金來源之一的 PL-480 物資價款一項，所得之了解如下：（1）該項物資為美援贈予以使用於工程為條件者，故該會擬訂一項包括十五個項目之計劃，其中有五個於接受此項物資後須照繳規定價款，另有一個繳款於難民計劃，一個則尚未實施，此外則完全為贈與；（2）去年二月起計劃即已實施，為期十八個

月，照預算所定，應收回代價五計劃總計應近四千萬
元，而事實上則只收到一千七百萬，尚有兩月即須滿
期，未知如何發展；（3）此項計劃本有米麥、棉、油、
奶粉等四項，事實上到達物資只有麥與大麥與油云。

5月28日　星期二　晴
職務

　　續到退除役官兵輔導會查核安置基金帳目，余已將
各科目內容分析完畢，但有三科目即 Loans、Grants 及
Investments 由鄭學楨君查核，並作分析，至此內部審核
工作告一段落。與鄭君及美援會胡超德君商洽出發視察
有關計劃事，並與輔導會工程科張科長交換意見，因彼
最近始由中部歸來也，大體決定下星期赴台中、彰化、
鹿港，轉霧社上山到梨山，由宜蘭支線循橫貫公路赴棲
蘭山林場，再赴宜蘭森林開發處轉返台北，再下週則以
三天時間空運赴花蓮，視察西寶、壽豐及花蓮當地二單
位云。

5月29日　星期三　晴
職務

　　昨日已將退除役官兵輔導會安置基金之內部帳務查
完，今日開始視察其在北部之附屬用款單位，上午到榮
民工程總處，與其梁元鑄科長詢問一般財務狀況，發現
事實如下：（1）自去年起該處作為籌款單位向安置基金
解繳盈餘，基金帳上於今年開始收到其去年盈餘，但以
該處資產負債表觀察，發現其去年盈餘只以一小部分解

之基金，據云輔導會內有辦理工程之幕僚人員該會無預算經費，而由該處負擔，先由盈餘歸墊百餘萬元，然後以尾數歸之基金；（2）該處之資本額應與基金帳上之投資科目內該處總投資額相符，但發現該處帳上反多，原因該處曾辦理資產重估價，溢出四百餘萬元由去年底帳上作為增加資本，而基金方面不知此情，遂爾脫節云。下午視察該處設於新店之重機械廠與砂石場，其中機械有由公館機場剩餘器材由無代價而來者，只按修理代價列帳，自然影響其全部之資產與成本，余因此發生對工程總處之究有若干美援物資設備問題，一時無法獲得答案。原定下週開始外埠單位視察，上午所寫出差申請，經依劉允中主任意見，將擬查單位之金額與此次查帳之已獲成果開列送 Millman 參考，下午劉君先與面談，又召余詢其未知各事，最後彼決定不必視察，只看帳面已足云。

5 月 30 日　星期四　晴
譯作

　　今日為美國假期，在寓無事，續為合作金庫隋玠夫兄譯 *World Agriculture* 內資料一篇，此篇為丹麥糧食農業委員會所擬送聯合國糧農組織之報告提要，題為 The Farmers' Organization and Agricultural Policy in Denmark，譯題曰「丹麥之農民組織和農業政策」，全日工作七小時，共得六千餘字，此為該刊內較長之文字，但所述政策部分仍因太過簡略有辭難達意之處，例如在保護農產品出口，何以又用徵稅方式加重其成本，

即為極不易了解之事，雖其理由為如此可以提高售價，
但不知又恃何與人競爭，此即語焉不詳之偏敝，為在各
刊物上所習見也。

5月31日　星期五　晴

職務

　　上午，同鄭、胡二君到退除役官兵輔導會附屬機關
農墾處訪問，並核對其對於安置基金之貸款與贈與等之
記載情形，因余等所根據者為安置基金四月份報表，該
處有三、五兩月份月報表，而獨無四月份者，故核對
極為費時，但由抽查一案件之內容知其中之數並不相
符，同往之安置基金羅君謂均經三令五申，惜乎不能貫
澈云。下午以前數日由安置基金取來之退除役官兵計劃
歷年美援總數表與美援會之報表相核對，尤其 Fy1959
年，大體均屬相符，但以前數年則尚未對完，已有不符
數發現。

6月1日　星期六　晴雷雨

譯作

續譯 *World Agriculture* 季刊內之資料，今日所譯一篇為「低度開發國家畜產業之展望」，原題為 Outlook of Livestock Industry in Developing Countries，乃聯合國糧農組織之一篇報告結論，今日以七小時譯成，計五千字，此為合作金庫隋玠夫兄委託譯述作品之第十篇。

家事

紹彭今年小學畢業，下月即須報考初中，而功課似不甚有把握，兩三月來德芳為之補習功課，今日余亦幫忙，其方式為買到全省初中入學考試題目凡三十家，囑其於閱後一一作答，答後有誤則括出，今日囑其對此一問題加以注意，誤答者則依評閱符號加以訂正，以作改進之依據云。

6月2日　星期日　晴陣雨

譯作

將昨日及前日所譯之低度開發國家畜產業之展望及丹麥之農民組織與農業政策二文，備函寄台灣省合作金庫隋玠夫兄，此二文在此次託譯之文稿中為第九、十篇，現在只有法國合作事業一文待譯成續寄矣。

娛樂

下午，同德芳到永和戲院看電影，為派拉蒙公司出品，西席地米爾製片，卻爾登赫斯登、尤勃連納、葉鳳黛卡洛主演之十誡，片長三小時三刻，為目前電影片中之最長者，演技、彩色、攝製，均臻上乘。

6月3日　星期一　晴陣雨

職務

　　上午，同鄭、胡二君到退除役官兵輔導會所屬美島汽車合作社作一般之調查，該會安置基金以新台幣三百八十餘萬元為該社買汽車三十部作為貸款，並訂約以收入逐漸扣回，殊事與願違，現近兩年，虧損六十餘萬，據其經理金君云，彼接事五月，知其癥結在於管理，而走漏太多，無法控制，故非以「開者有其車」之方式，恐無法轉虧為營，現在開始逐步結束賣車，而困難極多，尚不知未來如何云。下午同到該會海洋開發處調查安置基金對該處轉放漁船款一百一十萬之情形，大體上已經損去九十三萬，又有出售其所開發之金門瓷土而來之遠期支票，向安置基金貼現，尚有二十餘萬元無著，待向其背書人之一拍賣索償云。

6月4日　星期二　晴陣雨

職務

　　所查退除役官兵安置基金計劃內支援之單位在台北者已擇要視察，今日起在辦公室整理核對資料，其一為將該輔導會之各計劃實支經費表與美援會表列數字相核對，此舉之目的本在明瞭其剩餘經費情形，但只能大體明瞭各計劃支用情形，並知其另無現金結存（因支用數與付款數在美援會表上均已一致），但其計劃內有無應繳餘款，非一一查帳不能知之，此顯屬不可能之事，其三為核閱有關安置基金之兩個 PPA，所載內容皆大體係照案執行云。

6月5日　星期三　晴陣雨
職務

　　繼續研討與國軍退除役安置基金有關之文件，主要為有關之各年度 Project Proposal and Approval，所謂 PPA，蓋在 1958 與 1959 兩年度內之退除役官兵援款計劃內，若干贈款係用貸款方式由輔導會轉貸榮民，收回後歸入安置基金，除安置基金已依 PPA 規定收回者外，是否尚有應收未收之來源，亦應查明，結果只在東西橫貫公路之西寶農場計劃內見有此項文字，意謂其生產之一部將歸榮民，而另一部分則歸安置基金，惟安置基金內則從未收到西寶有關之款項，可見該一計劃並未達到預期之成果也，經將此等事實記入 working paper 之內，以供參考。

6月6日　星期四　晴
職務

　　繼續研討有關退除役官兵輔導會安置基金之有關問題資料之分析，涉及事項如下：（1）各榮民援款計劃之餘款經洽定歸入安置基金，但真正之餘款並不能由現有紀錄內自然求得，蓋依前數日以美援會與該會記錄核對之結果，所有餘款均已繳清，所值得懷疑者為各項支付之數內有隱含溢付款須繳回者，此則非查帳後不能知之，遂將歷來之查帳報告尋出，一一摘記其有建議繳入安置基金者，予以開列，並記其實收與否，至於此外之未查帳部分計劃只好任之而已；（2）與胡超德君談美援會查帳報告之資料。

6月7日　星期五　晴

職務

　　繼續研討退除役官兵安置基金之有關資料，並與同時工作之鄭學楨、胡超德二君交換意見，涉及事項如下：（1）基金規定來源本採列舉主義，但 PL480 糧食收回價款亦應為基金來源之一，惟查核主管方面之文卷，並無任何明文，故此項數目究應列作 Equity 或列作 revenue，不能遽下斷語；（2）胡君與中信局及輔導會核對 1956 及 1957 之各計劃，透過 Material Stock Fund 向日本購料統算結帳單，因資料不全，費時極多，就已證明之資料核算，其原來計算已有不符，由於其餘款轉入安置基金，而所謂餘款核定之根據發生動搖，則影響基金之收入數，亦為當然之理，胡君正趕算中，期望早日水落石出。

6月8日　星期六　晴

聽講

　　下午到台大醫院聽老人福利協會舉辦之演講，由陳萬裕醫師講腎臟病，所講主要為老年人易患之慢性腎臟炎，此病之生由於腎之失去其濾水作用，故常有水腫現象，至於多年之高血壓與糖尿病亦可能引致腎臟機能障礙，但應以驗血證明其區別云。

交際

　　下午到國軍英雄館為葛之覃兄之三子結婚道賀，事先並送喜幛一幀。晚與德芳在華府飯店為佟志伸兄餞行赴美，其夫人作陪，據云一切手續均已辦妥，下週當可

成行云。

6月9日　星期日　晴
譯作

　　昨、今兩日譯成「法國農業中之合作團體」，共六千字，原文載 *World Agriculture*，該刊內共譯成六篇，另有去年之亞洲合作會議各國報告文五篇，計十一篇完全譯完，均係合作金庫隋玠夫兄所託，全部共四萬八千字，今日完成，如釋重負。一年來，始而為租稅研究會譯英國所得稅法，繼而為合作金庫譯合作與農業資料，前者至少十五萬字，後者近五萬字，合共約二十萬字，為余生平譯述文字最多之時期。

娛樂

　　上午看小大鵬表演平劇，有雙演鴻鸞喜，又有金水橋，由嚴蘭靜演銀屏公主，唱來極為悅耳，其他角色徐龍英、黃音、拜慈藹，配搭亦皆相宜。

6月10日　星期一　晴
職務

　　審核上週鄭學楨君所作之有關退除役官兵安置基金有關查帳報告之表類，包括調整分錄，收支經過及資產負債等，發現優點缺點參半，優點為思路清楚，在計算各種 Accrued Receipts 與 Accrued Expenditures 均能將應加補入之帳項一一分析清楚，排列亦稱完善，缺點為：（1）數字有寫錯算錯之處，未加複核；（2）調整事項有對於實付事項逕行整理而將現金降低者，此種方式

將致調整後之表列數字失實，經指出後始加改正；（3）
項目所用文字多有不甚貼切者，經加以一一修改。

6月11日　星期二　晴
職務

　　鄭君所作之退除役官兵安置基金表，原取名曰 Status
of Placement Fund，余再三斟酌，因其中分二大部分，曰
Sources 曰 Uses，故取名曰 Statement Showing Sources
and Uses of Placement Fund for Retired Servicemen，至於
日期則因其中含有損益項目，故採用 6/16/59 - 4/30/63，
蓋自基金成立之日，即滾計至於今日也，至於表內數字
大體上均有可用，只有一月來由美援會胡超德君負責核
對之 1956 與 1957 兩年度託中央信託局購料用款，結帳
尾款尚未核對清楚，該尾款亦基金來源之一也，今日與
胡君將中信局帳項核閱一過，發現問題複雜，只好等待
數字澄清，再作決定矣。

6月12日　星期三　晴
職務

　　昨日所記退除役官兵就業輔導會安置基金所收各美
援計劃委託中信局購料退款一案，經胡君再四核對，至
今尚不能為最後之確定，余為製表之便利，經決定即以
該會所算之退款表所列數額減除已退繳基金三筆數額後
之差額後，列入表內，原以為鄭君之表將所定之此數補
入即可完成，經加計總數並核對不能平衡原因，始發現
鄭君重列漏列數額，經一一尋出後始證明相符，並進一

步將其作成一半之資產負債表調整分錄補足。

瑣記

　　國大代表魯青代表聯誼會改選，須圈票五人，余圈寄，選裴鳴宇、秦德純、楊揚、汪聖農、何冰如，後三人曾函託。

6月13日　星期四　晴陣雨

職務

　　今日已將退除役官兵安置基金之表格全部編製完成，計有 Statement Showing Sources and Uses of RETSER Placement Fund，在表示基金之來源與用途，以收支為主，附有一表，寫明各項貸款贈款之應付數與實付數，以補助收支表內所記應收應付事項之來源，並謂贈款貸款按性質加以分類，名為 Analysis of Loans and Grants，又有 Balance Sheet 與 Statement of Changes in Fund Equities，相當於一般之靜態動態會計報告，但分為二欄，一為 on cash basis，二為 on accrual basis，以充分顯示應收應付整理前後之區別，在製此等各表時皆以鄭君所已作者為基礎，將其缺漏補足，而將其錯誤改進焉。

6月14日　星期五　晴下午雨

職務

　　開始寫作退除役官兵安置基金查帳報告，但今日只寫成前面之一頁，因美援會為本案一同工作之胡超德君來詳談輔導會將各計劃購料款付與中央信託局之結帳餘款轉入安置基金確數問題，只好暫時中止，該問題據

胡君月來核對之經過，先供給余以可以使用之資料，經
余認定其餘款之由日本購料轉入本地採購部分不致有
問題，退回該會之五百萬內除已繳入安置基金六十三
萬外，尚有二百萬轉入另一計劃支用，核帳相符，亦
可減除，故在調整表內對此五百萬 receivables 應作為
二百三十七萬，因此部分之下落不明，應認為輔導會挪
用也。

6月15日　星期六　陰雨

體質

　　上午到公教保險聯合門診中心由陳立元醫師為將右
上方最後一隻斷牙拔除，此牙拔時僅在打麻藥針時略
痛，拔牙時則未有感覺，云係牙斷已久，其根已鬆，故
甚易易云，又因余口腔常患口瘡，亦請其診斷，據云甚
不易治，此為一種有色人種之濾過性毒，有用血清法治
療者，甚貴而效力並不確實，亦可用種痘法，種入肌
肉，每週一次，有時生效云。

師友

　　上午訪隋玠夫兄於合作金庫，將所譯文最後一篇
「法國農業中之合作生產團體」一文面交，並將原文之
World Agriculture 與前數次所用之去年亞洲合作會議報告
錄原文一併還交。

6月16日　星期日　陰晚雨

旅行

　　本分署 Employees Club 舉辦之近郊旅行，今日為赴

瑞濱浴場，上午十時出發，十一時半到達，其地為深澳
附近，緊接電力公司新發電廠，乃今年新開闢之浴場，
雖房屋簡單，不如金山，然如非夜宿，其一切設備已足
夠休沐之需，今日同行者為德芳及紹寧與紹因二女，中
午食自帶之麵點，並由俱樂部供給飲料，盤桓至下午四
時始行言旋，因雨後初霽，陰曇不覺豔陽之熱，亦賞心
樂事也。

體質

　　數年未入海游泳，今日試入，雖水涼，然有風濕之
腿尚未感不適，惟入夜極為疲倦，兩臂略痠。

6 月 17 日　星期一　晴

職務

　　開始寫作 Placement Fund Audit Report 之 Findings 部
分，亦即本文主要部分，已寫完第一段 "Administration
of the Fund"，由 PPA Provisions 及 Regulations Governing
Placement Fund for Retired Servicemen 之內容有關組織
管理等規定說起，以至人事經費，而終結於規定會計
制度，所謂 double entry 與 cash basis，該會所實施者
大體均依規定，但報表排列極劣，故本報告後付修正
三種報表，一曰 Statement Showing Sources and Uses of
Placement Fund，二曰 Balance Sheet，三曰 Statement
of Income and Expenditures，此第三表本名為 Statement
of Changes of Equities，因查帳時 assignment 用前名，故
因之。

6月18日　星期二　陰雨

職務

　　續寫退除役官兵安置基金查帳報告，已寫完第二段 Analysis of Fund Sources，敘述甚為冗長，但又似不可以省，並無簡潔可能。為此一查帳之基金之來源之一之 PL480 所得價款問題，發現有一退除役官兵計劃由農復會主辦，但所扣價款竟不知如何儲存，乃向業務主管兩陳君查詢，二人又轉問農復會，均不得要領，又問輔導會物資室，謂係繳入安置基金，乃恍然大悟，余之 working paper 內曾提及此事，乃今日忘懷至此，庸人自擾，莫此為甚，由此可見記憶之重要，有時非書寫所能代也。

體質

　　昨、今兩日在陳立元牙醫家製假牙模型。

6月19日　星期三　晴

職務

　　續寫退除役官兵安置基金查帳報告，今日開始寫第三段 Examination of Fund Uses，按其資產與費用項目逐一加以解釋，今日已完成其半，主要為對於其三大用途 Investment、Loans、Grants 加以分析，尤其著眼於其 Grants 之使用限制，認為該會係大體上試圖以利息收入供 Grants 之使用，但事實上則尚感不足，故此一目標雖然正確，似欲達成須更加努力也。美援會胡超德君送來其一月來所查中信局代買退除役官兵 1956 與 1957 兩年日本易貨進口物資對帳結果之資料，已盡最大可能之

詳細，但尚感不足，其剔除中信局手續費已有細數，但因所涉有十八個計劃之多，其中有以前曾經查帳者，非互相對照，不能斷定有無重複剔除。

6月20日　星期四　晴
職務

本日續寫退除役官兵安置基金查帳報告，已將 Examination of Fund Uses 一段寫完，並續寫第四段 Review of Cash in Bank，將各銀行存款情形加以列舉說明，甚為簡單，現餘最後一段曰 Special Cases，因內容多係鄭君所查，為寫來簡要，經先行核閱資料。

師友

佟志伸兄今日下午七時動身赴美，余到機場送行，前日並送去託帶紹南衣料三段。

體質

今日一時到醫務室作心電圖，十分鐘始畢，報告待診斷後始知，德芳亦於今日往做。

6月21日　星期五　晴
職務

退除役官兵安置基金查帳報告全部寫完，計黃紙二十一張，今日所寫為最後一段之 Special Cases，計三件，一為美島汽車合作社，二為漁船中興三十七號，三為聯勤福利總社，三者皆不圓滿之貸款計劃也，最後考慮對報告中認為應改進事項是否應作 recommendation，經決定改用 conclusion 原因為凡係認為應由安置基金轉

出改解美援會之款，已另有公函通知，至於中信局之採購帳則為建議其限期對清，事實上不易控制，將來此報告將不易結束也。

交際

　　本分署稽核組同人歡送美籍稽核 O'Brien 於陽明山，連帶請會計處全體洋員 Nemecek、Martindale、Martin、Ray、Gallaspy、Millman、Croosly 等。

6月22日　星期六　晴

聽講

　　下午同德芳到台大醫院外科教室聽老人福利協會健康講座，本次由眼科主任楊燕飛醫師講眼疾，歷時一小時半，內容豐富，引人注意事項如下：（1）配眼鏡因度數須準確，兩瞳孔距離應適合，故驗光須醫師為之，眼鏡配好後須由醫師複驗是否與處方相合；（2）近看最適合距離為二十五公分，眼愈花則愈遠，故須用眼鏡補救；（3）自抗生素發明以來，眼疾大為減少，但不治之症仍多；（4）高血壓與糖尿病均影響眼科，眼科對二病之診斷參考亦最明確。

6月23日　星期日　晴

瑣記

　　巷口今日起有野台戲，似係歌仔戲，但夾雜有京戲，完全雜湊，而引起四鄰不安，牆頭為拒絕攀登而塗以臭油者，亦奇事也。

6 月 24 日　星期一　晴陣雨
職務

今日最後校閱上週所寫 Retired Servicemen Placement Fund 查帳報告，改正若干不妥文句，並將全部附表加以核算，蓋因其中曾有零星改動，不如此定有漏洞難以發現也，幸表格四種皆無漏洞，而複核時算盤一打即成，不似往日之常常有錯，故迅速完成，並將最後修正稿交一同工作之鄭學楨君一閱。其中表格本係鄭君所作，但經改變甚多，面目已非矣。

體質

下午如約再到陳立元牙醫處接洽裝牙事，經將金架在口內嘗試數次，並又用軟體含製模型一次，約定四天後再行交件。

6 月 25 日　星期二　晴陣雨
職務

余對於寫作文字尤其有數字在內者，一向十分注意其中或有之錯誤，不使因一髮而動全身，昨日曾寫一 Router，對於所作退除役官兵查帳報告內容有所說明與補充，其中述及輔導會在 1963 年度之國家預算內支用榮民經費 127 million，其中醫療 119 m，輔導會行政費 .8m，在打清後因思該會經費何以如此之少，百思不得其解，直至反覆推敲，始恍然於兩個整數相減何以竟有小數，於是改為 8 million，並不覺啞然失笑，余年輕時從不冒失如現在一同工作之同人所為，然年事漸高，此種悖謬之事則時有發生，而又往往不能迅即發覺，亦可

哀也。

6月26日　星期三　晴
職務

　　上午，同美援會章宗樞君到中國生產力及貿易中心查帳，彼之查帳為該中心全部美援之前 valuation，前已將台幣部分看完，今日開始看進口物資使用情形，余則為臨時任務，又調查該中心進口美援視聽器材之使用保管情形，緣前年本稽核組曾有對農復會視聽教材之調查報告稿，送經本署新聞室 Halcomb 會稿，彼謂另有一值得調查之計劃，即中國生產力中心，該中心有甚多器材堆積未用，大可由其他機關如本分署及美援會使用，於是最近決定從事調查該中心之器材情形，而美援會亦正從事該中心查帳工作，於是乃配合進行。

6月27日　星期四　晴
職務

　　上午，同美援會章宗樞君到中國生產力中心查帳，仍為查核其 PIO/C 項下進口之視聽器材情形，係由 Fy1956 年度起查，今日止已將 Fy1958 年以前者查完，其方式為隨時囑其將實存狀態加以查點，至於查其帳列實存狀況之根據，則為其所製底冊，該底冊與其造送本分署者相核對，後者較為簡單，因其將前者之同類項目併為一項，但查核時須據以對照其有無略去之項目，經發現略有遺漏，因為數不大，故不致係故意匿不造報也。整理 RETSER Placement Fund 查帳時之全部 working paper，並開出一項總目錄，列於卷首，以資查考云。

6 月 28 日　星期五　晴

職務

上午，續到中國生產力中心查核其 PIO/C 進口物資使用情形，並於核對帳目時適有為數較多之物品，即請其查出收發存數而將實地存量加以盤點，計已點者有真空管等項；下午因防空演習，交通管制，未續前往。

瑣記

庭前有曇花二盆，數日前即見含苞，一盆有一，一盆有二，星期二為端午節，當晚開放一朵，次日另株開放一朵，昨日則第一天開放之一盆又開第二朵，三日連開三朵，為過去紀錄所無，惟是曇花在台灣並不難開，惟開放後時間甚短且在夜間，與在大陸所見者同耳。

6 月 29 日　星期六　晴

聽講

下午到台大醫院聽老人福利會演講，今日係由劉禎輝醫師講老人血液病，惟劉氏國語太差，辭令亦不擅長，故終篇未能聽懂幾句，似乎所講為貧血症一類。

體質

昨日下午到陳立元醫師處將定製假牙予以按裝，試按時甚痛，數度錯磨後始獲安好，余並試行取下一次，但裝上似不甚易，且極不習慣，飲食不但尚未能用，且因左下牙亦有勾環，連帶的亦不甚合用，且口腔內有口瘡，格外感覺不適。數日來有感冒現象，昨日下午左鼻

孔發炎最劇，眼淚直冒，今日上午到聯合門診看耳鼻喉科，取來內服藥與點鼻藥。

6月30日　星期日　晴

交際

同學劉支藩之子下午在三軍軍官俱樂部結婚，事先送喜幛一件，並於今日前往道喜，其喜事不備喜筵，只有茶點，故移時即散。

娛樂

下午，同德芳到新世界看電影，片為鹿苑長春（The Yearling），此片之書與影片余均曾看過，今日再看，仍然甚受感動，演員格利格雷畢克與珍蕙曼，表演俱甚逼真，風景亦佳。

瑣記

今日為會計師公會開會之日，余因病去函請假，並請寄有關資料。

體質

感冒已見輕，今日仍服藥二次，惟鼻藥未用。

7月1日　星期一　晴有陣雨

職務

　　續同章宗樞君到生產力中心查核其 PIO/C 項下之視聽器材使用情形，已大致告一段落，發現有少數零件或用品存量太多，全因其作計劃時估計太多之故，例如洗照片用藥水有二十加侖之多，二年來只用去一加侖，如此耗量，顯然非數十年不辦也。核閱來文一件，為師範大學顧問 Texas University Team 之 Fy1964 預算，其中零碎問題甚多，經以電話詢問該 Team 之行政助理林伯元君，得以明瞭，而不再提出問題，故在寫此 Router Comment 時只就其加買空氣調節器一節提及，認為此為唯一之與去年預算之不同點，但不認為有何問題，故主張本會計處予以核准云。

7月2日　星期二　陰雨

職務

　　全日在中國生產力中心查核其 PIO/C 進口物資使用保管情形，現 Audio-visual 部分已全部查完，今日且將影片幻燈片之部數總算加以點查，大致相符，結論為只有少數照相藥水與其他材料存量過多，又複印機一件缺乏用紙，等於廢置，其餘皆為該中心所需要，尚無閒置等情事。下午開始核對 Training equipment、Safety equipment 與 Demonstration equipment 等，共六個 PIO/C，只完成三個較少者。此事涉及各項常識問題太多，英文名詞亦多未曾見過，等於一面工作，一面學習，故特別吃力也。

7月3日　星期三　晴

職務

　　續到中國生產力中心查核其 PIO/C Commodities，因數日來工作未將其全部歷年來之 PIO/C 作一鳥瞰，以致有無因局部而失其全貌之處，無由得知，故今日就其全部 PIO/C 逐一加以查閱文卷，而記錄其每一 PIO/C 之最後金額，各類貨品名稱等項，同時注意其分配存管情形，結果在製作過程中由其總務莊君處得一總表，其中將各 PIO 逐一列出，從而易於統計金額焉，此表製成後即仍就昨日未完之工作賡續進行，已將王君所管之各種物品就其所造清冊核對完畢，並注意其存放分配情形，只待再進一步就其實存狀況加以抽查，此一工作即可局部的告一段落云。

7月4日　星期四　晴

省克

　　全日在中央圖書館。

7月5日　星期五　晴

職務

　　全日與美援會章宗樞君同到中國生產力中心查核其 PIO/C commodities 之使用情形，今日處理事項如下：（1）抽點視聽設備室所管之 Training、Inspection、Demonstration 與 Safety equipment 之保管情形，其中一部分存於產品改善組、陶瓷訓練所及台南服務所，均經檢視其移交清冊，核對無誤，至其本身保存者，則尚有

一部分分置於會議室、教室及圖書館中，亦經一一核對，至於本身所存，則因與電話器材混合保管，只抽查數項數量較大者；（2）與總務人員核對其進口用總務用品，經發現其 Fy1961 年之 PIO/C 下有未列卡片冷氣機八個，囑其速補。

7月6日　星期六　晴
聽講

下午，到台大醫院聽老人福利協會演講，由洪鈺卿大夫講牙齒疾病問題，其所談牙病有四種，一曰蛀牙，二曰牙周病，三曰磨損病，四曰咬耗症，均須治療和裝新以及填補，又其所談之刷牙法，為上面向下與下面向上，且為每次飯後三分鐘，余詢以此事甚難做到，據云漱口亦甚有用云。

7月7日　星期日　晴晚雨
師友

上午，李公藩兄來訪，閒談，據稱所服務之台灣書店，每年賠錢，營業情形堪慮云。下午來訪友人有朱興良兄與馬麗珊女士等，均未晤及。晚，邵普澤君來訪。

娛樂

下午，同德芳率紹中、紹寧、紹因、紹彭到中山堂看國民大會放映電影，片為法製「海」，寫漁夫生存艱難之故事，入木三分，一兒童演員表演尤其突出。

參觀

同德芳到博物館看國華堂古人名書畫展覽會，展品

極多，最早者為宋代，但精品則似均在明清二代，如文
徵明、曾國藩、何子貞、伊墨卿等所作，皆令人神往
也，惜其地光線太暗，不能細加欣賞。

7月8日　星期一　晴有陣雨

職務

　　續到中國生產力中心查核 PIO/C Commodities，今
日重點有三：（1）視聽教育部分已查過者其到達細數與
其 PIO/C 之總數有互相兩歧者，經一部分將原因查出，
一部分待經手人續查；（2）總務方面用品，只查對其到
達之數額，經囑再調 PIO/C 原數以為核對，尚未報命；
（3）圖書方面今日將自 1959 與 1960、1961 三年者到達
情形核明，至 1956 與 1957 則文卷尚未調到，無從知其
表列數之來歷云。

交際

　　晚，應中國生產力中心之約在渝園便餐，被邀者尚
有美援會章宗樞君，主方則為徐克仁、陳彬、劉浩然，
及王、莊二君。

7月9日　星期二　晴陣雨

職務

　　續到中國生產力中心查核 PIO/C Commodities，今
日所查事項如次：（1）圖書方面之 PIO/C 大體上撥款
數與到書數已可核對，如有差額亦不過為運費等等小數
之原因，只有一個 PIO/C 核准數比到書數尚少，顯不
合理，但原因不能解釋；（2）視聽器材之由產品改善組

保管者多為儀器等，經抽查十餘項，尚屬相符，但各件多未標號碼，保管人且不知名稱，可見並非常用，但亦並非不用，故亦不能指出其缺點云。

師友

下午，到台大醫院訪朱興良兄，並贈蘋果，朱兄因胃弱，身體不健，醫囑住院檢查，結果胃無病症，明日續檢心臟云。

7 月 10 日　星期三　雨

職務

上午，續到中國生產力中心查核其 PIO/C 物資，所核者為在三個 PIO/C 項下所買食物，陶瓷與用具等物，食物只看一部分，用具核對相符，而陶瓷則謂分發於陶瓷訓練所作為樣品，食品一部分則存放該所，故於下午到石牌該所核對，並核對該所保管使用之示範安全與儀器等，結果尚屬相符，只有食品之所謂在該所實際仍為在該中心，乃於歸後補核，除一部分腐爛外，其餘亦屬相符，至此該中心 PIO/C 物品之查核工作，即已告一段落，大體言之，尚屬無重大不符情事也。

7 月 11 日　星期四　晴陣雨

職務

全日開始整理若干日所集得之中國生產力中心 PIO/C 資料，首先將全部 PIO/C 列成一表，此表之兩欄，一為 approved amount，即在 PIO/C 之 Closing amendment 上之最後金額，二為 Arrival amount，即到

達該中心之總額，凡年代較早者此二金額可趨一致，但
究有不能一致者，即因該中心所收到之物品不能確知其
價格之故。

7月12日　星期五　晴

職務

　　寫作中國生產力中心 PIO/C Commodities 使用情
形查帳報告，因此次查帳重點單純，故 Findings 只有
一項，說明保管情形與數項存量較多者之情形，至於
recommendations 則尚未寫就。生產力中心之查帳工作
自 1957 年余初次往查以來，已有美援會三次繼續查帳
之報告，余為獲得參考資料，今日在屬筆以前將各該
報告之有關 PIO/C 部分一一加以參閱，大體上並無新
意，且因資料採用時間不同，數字亦無法一致。

師友

　　晚，張中寧兄夫婦來訪，閒談本屆各學校招考新生
情形，蓋紹彭已參加初中考試二場也。

7月13日　星期六　晴

聽講

　　下午同德芳到台大醫院聽老人福利會舉辦之健康
演講，今日由陳登科醫師講老人皮膚與皮膚病，口齒
不清，極難聽懂，幸有發出一本小冊，可作為參考資
料，所述各種皮膚病，除白髮一項而外，其餘余等似
未患過也。

家事

　　紹彭投考初中，自十日考再興中學後，昨又參加新店與木柵分部聯合招生，今日報紙登出台北市立十中學聯合招生題目與昨日兩分部者相同，據云考試成績比在再興所考者略佳，國文常識總分數或可達一百五十分，但錄取比例不及半數，故在成功失敗之邊緣云。

7 月 14 日　星期日　晴

家事

　　上午同德芳到古亭市場買菜蔬及奶油等，備下午自烤蛋糕，緣七弟瑤祥今日下午約德芳率諸兒女到其三重埔寓所消遣也，屆時均往，余在寓照料並看書。

娛樂

　　上午到空軍新生社看小大鵬平劇公演，凡三齣，一為張繼龍、朱錦榮、尹來有合演之三叉口，以張為主角，武行甚好，二為王芳兒、邵佩瑜、楊玉芝等合演岳家莊，王飾岳雲，唱做帶打，均有良好表現，尤其切合戲中身分為難能可貴，末為王鳳娟與徐龍英合演寶蓮燈，唱做均佳，王之扮相更有進步。

7 月 15 日　星期一　晴

職務

　　今日進行工作數事，一為完成中國生產力中心之 PIO/C Commodities 之查帳報告，寫出 Recommendations 二件，並再度加以修飾後即行交卷；二為兩月前所作之觀光事業查帳報告，經 Martin 與 Millman 等相繼核閱

後，今日始為定稿，其中 Martin 改變之處最多，均甚扼
要，而 Millman 則將行政院新聞局以 1961 款於事過一
年後始行購買影片二部經余剔除之款，予以免剔，因而
剔除總數減少，予以重算；三為開始軍方鐵路運費補助
費之查帳，下午與一同工作之李焜君到陸軍供應司令部
運輸署訪問，安排應行核閱之資料及工作程序。

家事

　　下午，因颱風將臨，中和鄉可能漲水，到姑母家請
姑母到余寓過夜，姑母堅執不肯，亦即不相強矣。

7月16日　星期二　風雨

家事

　　上午，率紹彭到省立北商為其參加大華中學入學考
試，計考算術一堂、國語二堂，於十二時半下課，今日
投考學生在北商者九百人，另有在成功中學者及女生在
女師者尚不在內，故亦不甚易，在每節考試後其辦事處
皆出售試題解答，歸後核對，似分數仍不甚高云。

颱風

　　由關島來颱風萬迪，今日吹向全省，由花蓮登陸，
新竹出海，半徑三百公里，傍晚即風平雨止，日間雨量
甚大，而風則較預期為弱也。

7月17日　星期三　陰雨

職務

　　上午，同李焜君到陸軍運輸署繼續查核鐵路運費補
助案款，首先拜會其署長李錫煜，因受訓由其四個副署

長之一的陸軍錢副署長晤談，只為禮貌上之拜會，不涉具體問題，隨即仍到鐵運組檢查有關之法規章則，下午因其新辦公時間為星期三下午休息，而未往，只在辦公室閱覽有關文卷。

瑣記

頭腦衰退現象忽覺十分驚人，余今日檢視上週所整理之文卷一本，中間至圖書館一行，歸後見椅後有一單頁，屬於一個已裝在內之表冊一本者，在裝訂時數度翻檢未見有此散頁，拾起後見未打洞，自仍為一散頁，始能獨自落地，其糊塗可想而見也。

7 月 18 日　星期四　陰雨

職務

上、下午均同李焜君到陸軍供應司令部運輸署查核鐵運費帳，今日詳細核閱其管制作業程序，將有關鐵路運輸部分要點予以摘錄，並對於不能了解部分與鄧傳遠副組長互相討論。上週所寫之中國生產力中心查帳報告，劉允中主任認為排列方式尚可改善，今日即照其所告加以改動，並將附表之 PIO/C 全部細表分為 closed 與 active 之二段，各作小計。

閱讀

擇讀 Ramond Frost 之 *Backward Society*，其中對於落後國家之開發認為資本最重要，而資本則依存於對外貿易，尤其突然之貿易景氣必須掌握云。

7月19日　星期五　晴
職務

　　上午，同李焜君到陸軍運輸署查 1963 鐵路運費帳，今日之方式為就其月份撥款文卷以了解其按月支付運費之實際狀況，就鐵路局開送報表請款文件與簽辦文件以明其審核程序，據云因附屬憑證太多，每月由兩人審核，二十天始能竣工，而內容多涉鐵路運輸規章，故審核時須逐一聚精會神而為之云。下午處理臨時性工作，一為將上週所作之生產力中心查帳報告依劉允中主任修改意見重加整理交卷，二為協助徐松年君就余去年所查開發公司帳之報告使其了解，因彼在 Financial Analysis Branch 將從事於此案之進一步了解也，三為查閱開發基金小工業貸款卷，以解答上月所作查帳報告內 Millman 所發生之疑問。

7月20日　星期六　晴
家事

　　上午，到中和鄉勵行中學為紹彭報名參加初中入學考試，今日為報名最後一天，據云報名者有七百餘人，錄取十班。到古亭區公所請發印鑑證明書，備楊小姐為向台灣銀行領取房租津貼時作為證件使用。
聽講

　　下午到台大醫院聽魏醫師講更年期健康問題，所談以女性方面為多，忠告勿過分畏懼癌症。
娛樂

　　晚，同德芳到新生戲院看電影，To Kill a

Mockingbird，格里哥里畢克與三童星合演，頗佳。

7 月 21 日　星期日　晴
體質
　　所裝假牙半月來因口瘡，只用水泡而未用，今日到廈門街陳立元醫師處再行琢磨，並裝用，謂如再試有何不適，應在戴時看其何處充血，以便調整，此點余認為甚得要領，今日起即不再除去。

7 月 22 日　星期一　晴
職務
　　今日工作為陪同徐松年君到中華開發信託公司蒐集自去年於查帳以後之新資料，備以余之查帳報告為藍本，對於目前狀態提供意見，聞此舉之目的在幫助本會計處會計長對於該公司情況有所了解，又聞本分署有無條件贈與該公司若干新台幣之擬議，在一營業機構言之，此殆為不倫不類之事也云。上午與劉允中主任及陳少華君回答 Millman 所提之有關 Development Loan Fund - Small Industry Loan 查帳報告之意見。
師友
　　晚，同德芳訪王聖農先生，談紹彭投考補校事；又訪王慕堂兄夫婦，其夫人甫由大陸來，談大陸情況。

7 月 23 日　星期二　晴
職務
　　上午同李焜君到運輸署續查鐵路運費帳，今日由李

君開始統計該署一年來對鐵路局開來帳單之剔除內容情
形，余則繼續查閱有關法規，特別注意其運費與雜費之
計算事項。下午，因上週所作之中國生產力中心 PIO/
C Commodities 查帳報告送經本組長 Millman 核閱後，
又發生關於其照相與其他視聽器材之存用詳細情形，
因報告不詳而需補充資料，余乃為其編製 Major Items
of audio-visual Equipment and supplies under PIO/Cs for
CPTC 一表，交劉允中主任轉其參考，其中將重要項目
全加列舉。

慶弔

山東劉志平君病逝，今日到善導寺參加追悼會。

7月24日　星期三　晴

職務

續到運輸署查帳，今日因李焜君請短假，加以派車
須外國人簽字，而外國人本日上午之咖啡時間特長，洎
其能簽字時已不能去該署工作一小時以上，遂不獲往，
但在辦公室內對於若干有關文卷之未能加以閱覽者，補
行核閱，因而對計劃得以了解，亦必要之事也，又在卷
內見有華盛頓總署所定之擬定受援國家當地貨幣軍援之
各項準則，反覆叮嚀，以配合其本國需要為重，此等文
件蓋說老實話者也。

娛樂

晚同德芳到新生社參加革命實踐研究院21 期等四
期聯合晚會，李金棠演罵曹，張正芬演荀灌娘。

7 月 25 日　星期四　晴
職務

　　全日在陸軍運輸署查帳，今日工作為了解其支付運費之程序，其運費對象，只有一家鐵路局，故在相對基金之收入則完全於收到時全數轉撥，而國款撥發時則在每月之結帳應付時，設預付不足，由國款補足，設預付有餘，則結轉至次月作為預付一部分，此項支付則將由預財室再作查核，以明究竟云。

7 月 26 日　星期五　晴
職務

　　全日在陸軍運輸署查帳，今日為在預財室查核其撥款與支付程序及預算控制帳籍，已將上年度實際支付情形由其文卷內查清，其主辦之廖中校對情況了解甚詳，尚有預算編製程序待定時再核。

師友

　　中午，孟達三偕前同事宋東炎來訪，宋君刻在岡山高雄縣立農校服務。下午，李德民君來訪，談其服務之造船公司會計處副處長即將出缺，向余諮詢如何進行升遷。晚，同德芳看電影巨人（Giant），Elizabeth Taylor 與 Rock Hudson 演。蘇景泉兄來訪。

7 月 27 日　星期六　晴
家事

　　上午，到同安街私立強恕中學為紹彭報名投考初中，該校與中興、東方、喬治聯合招生，聞其他三校辦

理均不佳，尤以喬治為甚，填志願時係以強恕為第一，中興第二，東方第三，第四空白。此次紹彭報考初中，已考者有新店、木柵分部、再興、勵行等校。另有強恕與恆毅正在報名，故亦報名參加，此二校在私立中略佳。又今日報載有建國中學與一女中合辦之補習學校，下月初招考新生，就升學目的言，此校亦甚理想，屆時亦當報名參加也。

7月28日　星期日　晴
師友

　　晚，同德芳到羅斯福路三段訪問張中寧夫婦，不遇，又到泰順街訪問周天固亦不遇。蘇景泉兄來訪不遇，留贈所寫諫院題名記一頁，彼辭出後值余與德芳歸，在巷口略談。

7月29日　星期一　晴
職務

　　全日在陸軍供應司令部運輸署鐵運組查帳，今日為細核美軍顧問團託運人員物品情形，以本年五月份之文件為例，獲知各情如下：（1）該組人員初謂美軍有人員運輸在軍協內列帳，但後又因余詢其細數，改謂並無人員運輸在此中支用；（2）美援物資之整車者由聯勤國外物資接收處在運輸署所控制之預算內列支，零擔與包裹則用換票證不透過運輸署之申請手續經車站託運，然後每月清單由鐵路局製就後，送顧問團轉由國外物資接收處轉運輸署與鐵路局轉帳，每日限二千磅，正要求增加

一倍中，運輸署將以透過該署各運輸組託運為條件云。

7 月 30 日　星期二　晴陣雨
職務

全日同李焜君到陸軍供應司令部運輸署查帳，余今日就其預算之編定文件加以檢閱，藉知其形成之梗概云。此次查核運輸軍費計劃帳目，深度如何未曾先定，乃詢之劉允中主任，彼亦不知，囑詢主其事之美軍顧問團，今晨乃與李君同訪其後勤副參謀長 Lehtonen，遇另一海軍中校，謂其已回國，由彼代理，但急欲外出開會，乃介紹主管台幣之 Lieutenant Schoolcraft 晤面，渠謂無特殊要求，深度由余等自酌，當告以運輸署無不良情況，當再觀察一、二運輸組即為已足云。

7 月 31 日　星期三　晴
職務

上午，在陸軍供應司令部運輸署查帳，李焜君一同工作，其任務為編製一項 Fy1963 全年度之支出統計表，直標為月份，橫標為支用之大單位；余之工作為繼續審核其支出內容，窮一上午之力亦只明晰其五月份之支出，此月份支出總數雖在月份統計與各月份相類，然內容則大不相同，蓋本月份之經常支出不過五百五十萬，而實支則達六百七十萬，其原因為軍人免費乘火車之免票已固定於以往之限額，而事實上又非增加不可，乃按平均價買半票五千張，以未來兩年需要計，每張二十七元，二十四個月共需三百二十四萬元，此款係以

Fy1962 年運價結餘抵充二百零六萬，差額約一百二十萬元，即加入五月份之運費內計算，其實非為 Fy1963 之用途也，此等支用方式如在美援即屬不合，因美援須對當年度之 Obligation 而為支付，今延長至未來兩年，自所不許也，好在美援在全預算八千萬內只占二千五百萬元，故其所支用之途徑可儘量以合法者為美援所屬經費內事，然為了解經費狀況，故須兼及之云。預定下星期視察運輸署所屬之台北運輸組業務，余本擬以此為止，不及他組，但詢之劉允中主任，謂不必預先揣摩 Millman 之是否反對出差，只須按計劃進行即可，故對該署云，將一併視察高雄運輸組，惟須視時間尚有多少再行決定云。

8月1日　星期四　晴陣雨
職務

　　續到運輸署查鐵路運費帳，余今日之工作係就自去年七月起至今年五月止之與鐵路逐月結帳文卷，以覘該局請款數與該署實際撥款數間有何差異，藉以了解其中除經常費外尚有何種特殊之支出，只有春節曾買半價快車票一批，又每月照例減去該署認為有疑問之運照，加入前數月曾經剔除而經該署複核後雙方同意仍不予剔除之運費，至於六月份則尚未結算，但已知於經常費外尚特別核准撥還該局前年舊欠四百七十萬元，又工兵署以甲種運照運送之軍援木料，係憑鐵路局憑證在運輸署支用運費，而不歸鐵路局按月結算之帳內云。

8月2日　星期五　晴
職務

　　今日在陸軍供應司令部結束其本身資料記錄之查核，並定於下週一開始台北運輸組之查核，今日之工作為將六月份鐵路運輸機構台灣鐵路管理局、林務局、糖業公司等所送之記帳表加以綜合核計，以明各單位公函申請撥款之總額細數間是否相符，結果最初不相符合，經與經手人核對遺漏及其加入之其他因素後，認明相符。

娛樂

　　晚同德芳到兒童戲院看盛岫雲、戴綺霞演蝴蝶緣，即梁祝哀史，布景別開生面，場面亦清新可喜，唱做亦佳，但高潮不夠，感人不深。

8月3日　星期六　晴
閱讀

八月份 *Reader's Digest* 載有 Rhyme and Reason 一欄，有以下數則極為發人深省：(1) It is not wisdom to be only wise, and on the inward vision close the eyes, but it is wisdom to believe the heart. Columbus found a world and had no chart. (2) He who has a thousand friends has not a friend to spare. And he who has one enemy will meet him everywhere. (3) To keep your marriage brimming with love in the loving cup, whenever you're wrong, admit it; whenever you're right, shut up.

8月4日　星期日　晴
師友

前山東省銀行同事馬麗珊女士來訪，余未相遇，據云工作之石門水庫即將結束，改組為新管理委員會，屬於省政府云。

8月5日　星期一　晴
交際

晚，陸軍供應司令部運輸署在陸軍軍官俱樂部約請晚餐，除主人錢副署長外，其餘在座者皆為該署與鐵道運輸有關之人員，另一客人為本分署一同工作之李焜君。
職務

上午由陸軍供應司令部運輸署鐵運組副組長鄧傳遠

陪同到台北 301 運輸組檢查業務，大體上為對於其業務
謀求了解，採取談話方式，於談話中發生要點時即採用
其有關之文卷資料以為佐證云。寫 Field Trip Request，
並請用高雄本分署車輛，訂於下星期一出差高雄區，本
以為 Millman 又提出阻撓，事實上則與所料相反，彼未
發一語而簽字云。

8 月 6 日　星期二　晴陣雨
職務

上午，同杜君到本會計處樓下之出納方面檢查庫
存，其庫存有台幣美金與代管俱樂部三萬元台幣為美籍
人士兌換美金之周轉金等，余只將此最後一項點清，其
餘兩項則二人通力合作，至於寫報告則將由杜君任之
云。上午同李焜君到陸軍供應司令部運輸署台北運務組
對其運輸業務交換意見，並到所屬之台北站駐在軍官辦
公室查核其一般業務，此處只辦理人員運輸之申請，以
及協助各方人員購買車票等事務。下午以電話通知運輸
署蔣組長定下週查核其高雄運輸組業務，請先通知云。

8 月 7 日　星期三　晴
職務

續到陸軍運輸署台北運輸組查帳，今日所查者為其
華山站運輸軍官辦公室，此處有八人辦公，所處理之業
務人員運輸較少，軍品尤其零擔交運者為多，余與李焜
君今日之主要業務為了解其處理之程序，此在其按月裝
訂之運案內可以窺知梗概，因在該站抽查整車與零擔各

數案，由其保存之有關文件內得知各案當時處理之經過
及審核之寬緊尺度為如何云。下午在辦公室整理所存個
人文卷，大部分為數年來之 review and comments 之初
稿，其中核改者劉允中、徐松年二君，回顧其種種，均
確有較原稿為高明之處，但長久保存，亦屬無益，故只
留數件，餘全撕去。

8月8日　星期四　晴

職務

上午，同李焜君到陸軍供應司令部運輸署台北運輸
組，約同其副組長及盧課長出發基隆站運輸軍官辦公室
檢查業務，其七月份之運案已經整理就緒，多為零擔，
並未統計其案數，查核後又到十五號碼頭之新碼頭軍
官辦公室，此處只有整車軍品，尤以美援進口者占其大
半，據云七月份之案（共百案）為數月來之最少者，亦
因美援物資大減之故，十二時查畢。

慶弔

李仁甫母喪，上午往弔，並送禮券。

8月9日　星期五　晴陣雨

職務

劉允中主任已將兩月前余與鄭君所作之退除役官
兵就業輔導委員會安置基金查帳報告初步核閱，於今
日提出若干疑點，大致皆為因敘述較簡而不能完全明
瞭，以致需要說明者，再則有若干情形認為須加改
進而未作 recommendations，余之原意以為其重要者

皆涉及此基金應由其他計劃內轉來之款項,其有關之
recommendations 應在各該計劃以後之查帳報告內為
之,但彼之意思與此不同,凡此種種皆待余出差北返後
再作調整修正云。

慶弔

　　同事杜太太之子下旬在美結婚,今日各同事皆贈現
金,彼將於喜期宴客云。

8 月 10 日　星期六　晴陣雨

師友

　　晚,同德芳到羅斯福路三段訪王一臨夫婦,緣紹彭
今夏參加強恕、中興、東方、喬治四私中聯考,只差三
分取中興未取強恕,經王太太到強恕,與主持人商量,
允俟開學後通融註冊,現紹彭在恆毅中學發榜,亦經
錄取,恆毅學風良好,並為珍視其為正式錄取,決定就
讀該校,故特與王太太說明並道謝云。又同訪張中寧夫
婦,不遇。

瑣記

　　上午到合會儲蓄公司支取利息,該公司為避免貼用
印花,取出時存單只記日期,省略金額,經詢為始知原
因,又到台灣旅行社買後日用車票。

8 月 11 日　星期日　晴

師友

　　上午,楊小姐來訪,談秋間或可赴美,現在台灣銀
行服務報支房租原係由余出面承租,因未來不滿一年,

現在行內允不辦續租手續，支付七、八兩月房租，故來
向余商洽為之出具六月七日至八月七日之房租收據一
紙，以憑報支，當經照辦。

瑣記

今日本分署舉辦新竹南寮海濱旅行，德芳率紹寧、
紹因、紹彭參加，紹中有他事，余在寓未外出，整理行
裝，並閱讀多日來積壓之書報雜誌，其中有近期今日世
界所登徐訏作「仇恨」短篇小說，筆法細膩蘊藉，故事
處理亦乾淨灑脫，一般流行作者所難望項背也。

8月12日　星期一　晴

旅行

上午九時乘計程車到台北站搭觀光號火車南下，余
到站時尚差十分，但在候車室及入口均不見同行之李焜
君，正彷徨無策間，李君由月台出，謂到車上尋余，不
知彼之車票亦在余處，何能先行上車乎！此車有冷氣調
節，清潔明淨，三時到高雄，全無疲勞，到達後住大勇
路口克林旅社。

職務

晚，陸軍303運輸組馮課長沛民來訪，安排明日起
到星期五止之視察日程。

娛樂

晚，看電影「巴拉巴」，安東尼昆主演，長二小時
半，色彩場面均佳，尤其配音，立體感極重。

8月13日　星期二　晴

職務

上午，陸軍第 303 運輸組組長及運輸課長來接赴該組檢查，其地在建國四路大安街，市區中之僻靜地帶，在該組之檢查工作為注意其業務之特點，其中有一項為他處所無者，即受託運交美軍所購特級車用汽油至士林，其託運手續由陸軍經理署第二儲備庫辦理，但預算卡片則由運輸署逕發該組使用，所運者則完全美軍物資而混合於一般之乙種運照之中，亦即不加 MA 或美軍字樣者。下午檢查該組左營運輸軍官辦公室，地在車站之旁，其經常業務為石油公司軍用產品之託運及其他零星業務。晚，同事在高雄出差之李慶塏、梁炳欽、鄭學楨三君來訪。

8月14日　星期三　晴

職務

上午，高雄運輸組馮課長來接，一同前往高雄港站運輸軍官辦公室檢查業務，事先以正在裝車之一個運案作為示範，以實際作業作為簡報資料，先在辦公室閱覽申請與清運資料，然後馳赴十號碼頭看空軍進口美援物資正在裝車，監督者有空軍、聯勤國外物資接收處，及本運輸組人員，直至簽封為止，由此到物資分處由該處說明程序，再回至運輸組檢查運案整理情形至午始止，下午該組不辦公。

居住

上午，因克林旅社臨街太嘈雜，移在建國四路新樂

街之勝發旅社，因係新建，甚清潔，亦安靜。

8月15日　星期四　晴

職務

　　上午，到鳳山運輸軍官辦公室檢查，值其正在處理託運，乃觀察其實際狀況，見託運人已經辦過申請與裝車，正在洽開運照，詢以車皮何在，均不知之，託運人隔窗搖指一九噸車皮，謂即此也，然申請為十Ｔ車皮，而運送申請書背面鐵路非正式所算運費亦十噸，經予指出，其時運照已開好，完全依路方所算，經託運人至站請改算九噸後，始歸改九噸，足證程序不符，因承辦軍官應先算再送路方複核也。下午檢查屏東運輸軍官辦公室，發現七月份有運照三張自算運費，經路方減算，但所存一聯自算之數並未改正，二數並列，但謂報署一聯已改，當囑亦應照改云。

8月16日　星期五　晴

職務

　　上午，同李焜君到高雄303運輸組，取日昨所約請準備之去年度運輸統計資料，並向其主管告辭，其組長已赴台北開會，副組長詢數日來檢查有何指示之處，余表示一切均甚理想，至感欽佩，但小疵有二，一為鳳山計算運費太不認真，二為屏東之乙種運照，遇有與車站所算運費不同時，時有對誤算不加改正之事，該組主管科長認有其事，允定加改正云。

閱讀

數日來公餘讀胡適編「丁文江傳記」，全書十萬字，毫不枯燥，蓋胡氏之文情並茂有以致之，尤其所寫科學玄學論戰與獨立評論兩篇為最精彩。

8月17日　星期六　晴
旅行

昨晚十時半由高雄乘夜車北返，晨六時到中壢，上週本與德芳約定今晨由此一同轉石門水庫訪馬麗珊女士，七時四十分在車站候晤德芳，比至，謂在三天前接馬信已於星期五赴高雄有事，德芳因不知余在高雄住所，致不能通知余作罷此行，可見雖凡事已覺顧慮周全，仍然百密難免一疏也，乃於早點後搭公路局車折回台北。

下午，同德芳到台大醫院聽蔡錫琴大夫講心臟病，此為老人福利協會約請之專題演講，所講狹心症、冠狀動脈硬化、心肌梗塞等，皆起因於血管作用之退化，謂不易診察，而可以預防云。

8月18日　星期日　晴
娛樂

上午，同德芳到空軍新生社看小大鵬平劇公演，第一齣為遇皇后，雖均為童伶，而唱做工力均足，花臉、老旦大段唱工，均有可觀，第二齣為八演五花洞，由嚴蘭靜、黃音、邵佩瑜等合演，後段武行，代打出乎比一般所演為精彩。

瑣記

中午，同鄉牟瑞庭君來訪，謂兩月來為保險公司跑生意，因競爭劇烈，成效不大，有意另起爐灶，自營商業，將約集同鄉先進為備函曾來台觀光之同鄉洛杉磯僑領周大雄求援，余謂不相識，彼索國民大會信箋數張，余因此事無關，予之。

8月19日　星期一　晴陣雨
職務

出差後今日恢復到公，劉允中主任今日出差，行前將兩月前余所作之 Retired Servicemen Placement Fund 查帳報告初稿交余，謂彼已將其中一部分核過，尚有一部分不及核閱，囑余重閱一過後將 Recommendations 補寫後，即可打 second draft，蓋余本不擬作 Recommendations，而只作一結論，寫明其中應由該基金辦理事項多與其他美援計劃有關，其他美援計劃正由美援會展開查帳工作，此等 recommendations 將在該計劃內分別提出，而劉君之意則應在此報告中提出，故須一一補作云。

體質

下午補行注射一次霍亂注射，因不乏霍亂病例之故云。

8月20日　星期二　晴
職務

到鐵路局主計處檢查課核對該局所收之陸軍供應司令部運輸署 1963 年度運費帳，發現列帳數目有差額，

但細究其內容，則又相符，而雙方存欠情形則亦不同，究竟緣何致此，須待詳核也。

體質

右腮淋巴腺種大，下午請假到公教保險中心由薛嘉祥牙醫師診斷，認為係假牙太長，摩擦所致，余乃折往廈門街陳立元牙醫師處請亦診斷，所言相同，經將假牙齦後部錯去少許，謂不妨再試數日，即知是否仍長，今日看病每次只一分至五分鐘，而掛號等待則幾費去整個下午之時間也。

8月21日　星期三　晴陣雨

職務

關於昨日在鐵路局所得之收取運輸署運費資料，經與李焜君檢討推敲，其中若干處同中有異，但由於特殊之分析，發覺數目不同而內容則完全相同，唯一之歧異為去年度結存該局之二百另六萬元在運輸署已於今年撥作購買加發快車票價款，而路局則認為仍然存在，其快車票價款係另以他款撥充者，如此則發生此二百另六萬應否作為往年結存抵作往年舊欠之用的問題矣。

師友

晚，張中寧兄夫婦來訪，閒談。

家事

戴慶華女士介紹路君為紹彭補習功課，今日開始，每週二次共四小時。

8月22日　星期四　晴陣雨

職務

　　春間所作 Retired Servicemen Placement Fund 查帳報告經劉允中主任核閱其一部分，另一部分未加潤飾即交余，囑依其左方所註小字再加斟酌，並因余原稿只有 conclusion，其中略有涉及 Recommendations 之處，即主張仍正式作 Recommendations，故於今日將其未改部分再加潤色，改正文字之不十分曉暢處，另就應由輔導會加以改正之事項分寫數個 Recommendations，計劉君已代寫四個，余又加寫三個，共有七個，寫就後即交打字小姐另打清稿云。

8月23日　星期五　晴

職務

　　去年所作中華開發信託公司查帳報告，因其中兩項 Recommendations 已經實行，且有信來，故於今日寫一 Follow-up Audit Report，予以結案。核對鐵路局對記帳軍費之 1963 年度結帳報告與陸軍運輸署所列者所生差額一百餘萬元之內容，費時半天，仍有十餘萬元不能軋平，當即放置不管，間以他事，迨再度核閱並以原始資料對照後，忽於兩分鐘內將此差額之原委尋出，分釐不爽，證明雙方只是計算基礎不同，收支數額完全相符，所為基礎不同者，即軍方將去年度結餘 206 萬列入今年支用，而鐵路局則認為該款不在 1963 年度帳內結算，而應用以償還舊欠也。

8 月 24 日　星期六　晴
集會
　　上午出席光復大陸財政組集會，討論新專題之開始進行方式，結果各分組推出臨時召集人分別開會商討。
聽講
　　下午到台大醫院聽老人福利會演講，由許成仁教授講老人生理衛生，所涉範圍甚廣，舉凡飲食、運動、睡眠、工作、娛樂、煙酒等，均有談及。
瑣記
　　上午到台北區合會公司轉存款，因在滿期後八天，此八天即改算活期息，余告以向來銀行界習慣不爾，辦事人謂中央行及公會均規定如此，當時甚感不快。
交際
　　晚，參加歐陽叔麗子與蕭錚女在美結婚遙宴。

8 月 25 日　星期日　晴
交際
　　逢化文兄之次女濟民今日在美國與一美籍青年結婚，事先由宋志先兄來信邀約參加今日在此舉行之喜筵，余於今午到悅賓樓參加，計共四席，由逢兄及裴鳴宇議長先後致辭，聞此一婚姻不為逢兄所同意，但彼後又因其女得以居留美國而改變意向，乃有此舉云。
家事
　　下午率紹因、紹彭到新生戲院看電影，余先往買票，德芳則率兩兒女後至，余在買票時因不諳此一戲院之售票習慣，先排樓下隊，見人太多，改至樓上隊，至

余買時只有兩張，後至者則完全向隅，乃由紹因、紹彭入內觀看，余則與德芳到中華商場購買零星物品，並至冷飲店休息，至散場接二人歸。

8月26日　星期一　晴

職務

整理月來所獲軍運鐵路運費支出之有關資料，以便寫作報告，首先已將鐵路局與運輸署雙方所列帳目之歧異原因尋出，為便將來檢索，即作一小型之 work sheet 並囑一同工作之李焜君作正式之 reconciliation，以明其中異同之內容，並證明雙方並無歧異之處，次則囑李君以電話向運輸署查詢本年四、五兩月份之剔除數已否最後確定，蓋署方曾剔除十三萬餘元，而路局對案尚未提出，於是署方在六月份帳即虛擬一筆十五萬元之數，謂將作為補付之根據，現已近月，此數應有最後決定，庶全年數亦可確定也。

8月27日　星期二　晴

職務

寫作軍用鐵路運輸計劃用款查帳報告，因此一計劃之內容甚為單純，故文字不多，今日已將初稿完成，只待其六月份之確定數字得到，作最後之修正即可，此項數字在三週前查帳時尚未產生，現在則計時應已有所確定云。

交際

晚，十年前陽明山受訓之聯合作戰班本經濟組召集

人邱漢平兄在陸軍聯誼社招待本組各同學，到十餘人，
余同席者有田子敏、郝遇林、董中生兄等，董兄之子將
於十天後參加中國銀行行員特考，詢余會計書以複習何
種為佳，余不知，於當晚函板橋童綷小姐詢問，童君在
台大為講師多年，必有所知也。

8 月 28 日　星期三　晴

職務

　　前週修改完成之 RETSER Placement Fund 查帳報
告已經打好，今日校閱，除改正誤打外，在校閱中發現
原稿雖已再三修正，而仍有不妥之處，甚至有錯誤文
法，應用多數動詞誤為少數動詞，可見凡事不厭一再推
敲，而盡善盡美之不易企及也。

師友

　　童綷小姐來當面答復昨日所詢問之事，經即將其所
介紹之書名函告董中生兄。

娛樂

　　晚同德芳到警務處參加革命實踐研究院聯誼晚會，
由憲光康樂隊表演舞蹈、歌唱等節目，甚為精彩。

8 月 29 日　星期四　晴

職務

　　因昨日校閱本年六月所作之 Retired Servicemen
Placement Fund 查帳報告打清底稿，發現若干原稿文字
甚欠斟酌之處加以修正，乃於今日再度細閱一過，結果
仍發現文字上必須改正之錯誤，而撰寫時何以如此粗

心，複核時又何以不能發現，深為納悶，因而對於自己
寫作之信心大打折扣，例如有若干處用 source 一字，
獨在一處誤寫 resource，數度不能發現，直至今日再看
始知之，又後面附表文字亦有圈勾顛倒之處，均予以改
正焉。

交際

　　同事鄭學楨君即將赴美深造，今午在樓上約同人便
飯，同人公送牙章一枚，由余與劉君定刻。

8月30日　星期五　晴

職務

　　將寫好之鐵路運輸計劃查帳報告重加校閱一過，並
潤飾文字，期於簡明達意，將修正後之原稿即行交卷，
本月份工作予以終結。

交際

　　中午，本稽核組同仁公請鄭學楨君於中國之友社，
西餐甚好，席間並無致辭等形式，自由交談，不重形
式也。

娛樂

　　晚，到新生戲院看電影「媽媽愛爸爸」（Parent
Trap），華德迪斯奈作品，極富倫理意味，演員馬琳奧
哈拉與密爾斯，密爾斯一人飾二角，演技自然純熟，大
可一觀。

8 月 31 日　星期六　晴

譯作

　　去年底前趕譯之英國所得稅法，上週經一同從事譯作之陳禮兄將余所譯部分之排印大樣連同原稿送來，除其中校對錯字外，所加最多者為標點，余原文多採長句標點，以期文義貫通，現經租稅研究會方面（余疑即係陳兄經辦，否則即係鄭邦焜兄經辦）改採短句，余即亦聽之，另有在眉端劃問號之處甚多，下面文字即用紅線側劃，亦係囑余再加斟酌，余大體上均經採用，縱只係文字修飾而無意思上之出入者亦然，蓋既經指出，亦費過甚多之心血，不可拒用，只有其中完全不能改動者如 daughter 譯女而不譯子女，其所指出之疑問不過因讀來不甚順口而已，不可貿然改動也，今已改校已逾全部之半，大樣為九十五頁，每頁千字，已有九萬五千字，估計尚有八萬字之譜云。

集會

　　下午出席小組會議，主席趙雪峰報告最近中央有改變徵收黨費辦法按財產計算百分比尚未通過，小組內發言均認為係自相驚擾，斷不可行，甚至有認為係黨內潛伏匪諜，用計以使黨之組織解體者，似乎言過其實矣。

9月1日　星期日　晴
師友

美援公署同事鄭學楨君出國深造於今日成行，余於上午十時依約到台灣療養院附近，候劉明德、陳少華、楊永元三君同乘計程車到飛機場送行，同人合送之牙章亦由余帶至飛機場，由同仁共同看過後當面致送，先後到達送行者有劉允中主任、李慶塏君、靳綿曾君，及梁炳欽君等，余與劉、靳二君於其進行至驗關室時，即行告別歸來。

娛樂

下午，同德芳率紹寧紹彭到中山堂看國民大會所演之電影，片為葉鳳黛卡洛主演之 Magic Fire，乃德國音樂家瓦格納之傳記，彩色甚佳。

9月2日　星期一　晴
集會

上午，代表國大黨部小組參加國父紀念週，由黃季陸報告教育，對當前教育之重點與學校教育之應與在職訓練相配合一點，闡發甚詳，歷一小時始竟。

師友

上午，到稅務旬刊社訪鄭邦焜兄，面交前日所校訂之余所譯英國稅法排印大樣九十五頁，其中凡彼所圈出認為有問題者，皆予修正，談竟並將所餘未校部分大樣帶回，以備續校。

9月3日　星期二　晴
誌感

　　日間在辦公室閱卷，抽暇看報，今日軍人節蔣總統在烈士祠撫慰軍人遺屬，皆十歲幼童，照片上天真無猜，不知人世有悲慘事；下午下班仍步行回寓，沿途所見，形形色色，有大飯店招待所美輪美奐，有傾圮之國民學校，皆屬不能比較對照之事，而久之人不以為怪也，洎歸，廖毅宏太太正在來訪，據云已信天主教，希望性情能得合理之排遣，庶不致徒惹反感，凡此種種，皆以見人事倥傯，回思已過半百，瞬息周甲，而猶奔波衣食，為稻粱謀，洵多苦趣也，在漫步中見日薄崦嵫，微風徐動，謂三數日中有颱風來襲，久旱只求有雨，縱颱風亦受歡迎矣，甚矣哉人事之無常也。

9月4日　星期三　晴
職務

　　全日看有關 University of Michigan 為在政治大學建立行政管理中心與中美兩國政府所定之合約，以為進行查帳之依據，此合約文字極繁，尤其約文之後附有附錄，其中對條文建立甚多之修正文字，必須前後參照，始可不致獲得錯誤之了解，且其中頭緒紛繁，余因查帳乃供應華盛頓總署資料，故對於其中與此間供給資料無關之條文只加涉獵而已。

9月5日　星期四　晴陣雨

職務

　　續閱中美兩國政府與 University of Michigan 所定之公共行政與工商管理計劃用款有關文卷，於合約原文而外，兼及有關往來文件，其中有建議對合約文字修改之文電，並無結果，但已可窺見其中消息，即儘量希望其使用台幣，在無台幣時始支用美金，此乃數年來美國平衡國際收支之原則下的產物也。

譯作

　　續看去年所譯英國所得稅法現在發排大樣中鄭邦焜認為有問題之處，自十八章至二十四章，已全部竣事，多為用字問題，全文依排成計算為 17 萬字，較前依原稿所算多四萬字。

9月6日　星期五　晴

職務

　　本月份上半月余之工作為 University of Michigan 之 Team Support Fund 之查帳，余初未注意美援會亦將派員一同往查，今日上午將訪政治大學時，始覺察此事，經聯絡後該會派沐松濤君與余一同到木柵政大訪會計主任葉叢新君，此人患肝病未愈，知余等來意後即決定由其帳務科長趙君與余等洽談，彼則無一語及此事，經洽談後知查帳有關之資料均在金華街該校公共行政研究中心，由 Team 內之本地職員管理，趙君通知準備，余等預定下星期一開始前往。

9 月 7 日　星期六　晴陣雨

瑣記

　　上午到稅務旬刊社訪鄭邦焜兄，面交余所譯英國所得稅法排印大樣第二批，此部分已由余將其認為有疑問之點加以潤飾，等候校正付印，余並告以此項計劃財源之相對基金經費將於九月底屆滿收支整理期間，希望早日向其將款領清，蓋稿費尾數尚未付足也。上午到台灣銀行公庫部領取去年度綜合所得稅退稅。上午到國民大會秘書處接洽由中本煤氣公司按裝煤氣，下午即來按裝。

聽講

　　下午到台大醫院聽老人福利演講，許世鉅講老人之寄託休養問題，四字乃四事，併生理、心理、醫藥、衛生、哲學、宗教等一爐而治，內容甚佳。

9 月 8 日　星期日　晴陣雨

師友

　　下午，前青島省銀行同事馬麗珊女士來訪，據談其所服務之石門水庫建設委員會因工程已經完成，明春石門水庫管理委員會正式成立後，即須結束，舊有人員一部分轉移至新會，渠本人意託友人向新會方面介紹繼續任用，謂其執行秘書為李君山東人，詢是否可以相託，余謂素昧平生，但新會之副主任委員顧文奎處尚可介紹，但未知有無效力耳。

家事

　　因今日開始燃用液化煤氣，廚房設備方面有所變

更，與諸兒女協助德芳整理安排，至晚始有井然有序之
觀感。

9月9日　星期一　陣雨
職務

與美援會（現改稱經合會）沐松濤君同到金華街國
立政治大學公共行政中心開始查核美國米西根大學顧問
團用費與公共行政中心計劃費用之帳目，接觸人士計
有該顧問團行政助理朱君、會計于君與中心經費會計
陶君，又米大顧問團 Brady 教授，今日工作為對於一般
程序謀求了解，沐君擔任中心計劃，余擔任顧問團經
費，惜因兩部分帳務皆非原經辦人員，即行政助理亦
係新到一兩月，甚至顧問團亦只此一 Brady 為在台一
年以上者，以致甚多問題不能答復，甚至文卷內有該
項資料，而華籍職員反瞠目不知所對，預料查帳進行
不能順利也。

9月10日　星期二　雨
颱風

昨日颱風警報，今日起有 Gloria 颱風來襲，乃強烈
颱風，暴風半徑四百公里，全島均不能免，故今日陣雨
交作，而美軍電台廣播宣布為 Condition I，乃全日未往
上班，在寓注意其動態，並布置住宅有關防範事項，其
一為新屋三個新窗戶外面加附德芳特製之雨遮，其二為
客廳四扇木門外面加釘六張五分杉木板，至晚，雨漸漸
變大變驟，風則始終不大，中廣電台報告氣象所下午宣

布消息，謂風向由西北西轉為正北，本島只在邊緣，雨大風小，不足為患，惟其他電台仍持舊調云。

9月11日　星期三　大風雨
颱風

Gloria 颱風昨晚曾一度轉向正北，氣象所發出樂觀消息，但數小時仍然恢復原西北西方向，澈夜風雨交加，因係西北風，余之臥室玻璃門四扇無法可以釘牢，乃於凌晨四時起身，在門內以椅背坐，並看書報，至今日始正式來臨，風狂雨驟，屋頂漏水多處，賴德芳率諸兒女防護，並因自來水停供，接雨水洗澡，電則只停短時，未受太大之影響，全日在平安中度過。聞廣播云，全市低窪地區無不積水，且因停電不能普遍恢復，故呼籲低地居民早作安全移居之計，此次颱風半徑四百公里，故兩天始行經過，為本省多年來所無云。

9月12日　星期四　陰雨
職務

兩天來之颱風 Condition One 已經完畢，今日開始辦公，因淡水河堤防有潰決處，延平北路、中山北路及士林一帶淹水，故北區中外同事多有下午始到者。今日本應到政治大學續查 University of Michigan 之用費帳，因一同工作之沐松濤君主張水災中先不前往，故在辦公室檢視文卷。以前所作之 RETSER Placement Fund 查帳報告經劉允中主任再度修改，又再度交打字員打 second draft，今日劉君又將 Railway Freight Charges 查

帳報告余原稿加以修改，交打字員打清。

9月13日　星期五　雨
師友

　　上午，同德芳到新店訪崔唯吾先生，因一女中新店分部昨日通知分數較低學生到校，教育廳已核准增班，乃往託崔師母與該校當局商洽，紹彭是否亦可遞補，崔氏當電話與分部譚主任商洽，據云須滿 146 分，紹彭為 139.5，相差過遠，此次決無可能，唯一辦法為將來借讀，乃託隨時為此事注意，或能否再由江校長處設法，請師母歸後酌辦云。崔氏又談新竹中德醫院，內容曲折萬分，託余將來代聘會計師查帳云。晚，同德芳到雙城街訪原都民小姐，慰問其遭遇水災，因暫住他處未歸，留片而返。童綷小姐板橋寓所淹水，其本人今日北來，暫住余家。

9月14日　星期六　晴陣雨
師友

　　童綷小姐板橋寓所被大水所淹，今日到台大訪總務長黃德馨兄洽請撥配宿舍，因余與黃兄有舊，特為備名片介紹，但歸謂該校宿舍分配情形複雜，恐無結果云。隋玠夫兄來訪，帶來合作月刊稿費三篇計六百五十元。
體質

　　新裝假牙最鄰近一枚原有牙齒受累，琺瑯面作痠痛，昨由陳立元牙醫塗藥水，但無何效果。

9月15日　星期日　晴陣雨
慶弔

本省耆宿秦德純將軍之喪，今日上午發引安葬，余於九時半前往弔祭，車水馬龍，備極榮哀。

師友

下午，崔唯吾先生及師母來訪，謂前託為紹彭進行新店分部入學事，頃有一項機會，為五省中木柵分部，因彼有一學生轉入新店分部，於是新店分部得以一學生補入木柵分部，新店分部譚主任允以紹彭補至木柵分部，余與德芳因木柵分部為師大附中所辦，水準亦佳，當允如此辦理，惟德芳後往晤新店分部教師戴慶華女士，據云木柵分部教學情形不佳，仍以要求新店分部為宜云。

觀劇

上午看小大鵬嚴蘭靜演孔雀東南飛，甚佳。

9月16日　星期一　晴偶細雨
職務

上午同沐松濤君續到政治大學公共行政中心查核 Michigan University Team 用款帳，先根據該校所製本年六月之報表，與去年六月底之報表核對其帳上餘額是否相符，經核無異，但此次查帳擬截至八月底，而該帳內之記帳至今尚未將八月份記完，但經辦人俞仰光則云八月份月報表已先依傳票製竣，顯然倒果為因，經囑速將八月份帳項補登齊全云。RETSER Placement Fund 之查帳報告已再度將 second draft 打成，今日以半天時間從

事校對，並將表列各數作最後之計算，即行交卷。

9月17日　星期二　晴陣雨
職務

　　續到政治大學查 Michigan Team 用費之帳，刻正開始按其支出科目逐一審核，今日所核有薪給與加班費兩項，薪給完全依照本分署之本地人員薪給表辦理，但有二人在開始敘俸時即不由初級敘起，此與應有之規定不相符合，該 Team 按 Fy1963 年預算為 21 人，現在只用 18 人，故總數並未超出預算云，至加班費則支用為數不多，但其方式則有出乎常情以外者，例如司機工友在開始辦公前之上午七至八時皆可支用加班費，直至九月份始加規定在此時間不許再支，其過去已支者依循何項規定，辦事人瞠目不知所對云。

9月18日　星期三　晴陣雨
職務

　　續到政治大學行政中心查米西根大學顧問帳，今日所查有顧問宿舍房租、房屋修理及教育津貼等，特殊發現事項如下：（1）所租房屋計五所，供五個顧問住用，最近新來一人，尚未覓定房屋，此已租之五所房屋，有二所民房，有二所為台大客座顧問宿舍，尚待續查此二所房屋之收費是否合理，蓋台大為國立學校，其財產等於中國政府所有也，另一所用政大福利社名義以月租八千元租於 Team，半年後又由房東直接出租，只五千五百元，前段顯有不合；（2）教育津貼如連車費計

算，似乎超出規定限度。

9 月 19 日　星期四　晴
職務

　　續到政治大學查核 Michigan University Team 之台幣經費，今日所查為宿舍器具設備與燈燭水電等消耗帳目，前者發現一項特殊事實，即各外籍教授有時在此間美軍 PX 買物，如冰箱及煤氣爐子等，均照原價作為學校所有，並無作為自購以待其離華時再行出售之事，顯見其比一般外人為清高，後者發現一項極繁瑣之問題，即電力公司收費收據上係將防衛捐及去年度之國防臨時特捐分別列舉，此在相對基金之支用上為必須加以剔除者，故逐筆細算以向政大自用經費內收回為不可免者云。

9 月 20 日　星期五　晴
職務

　　昨日美援會方面曾向本分署接洽以全體稽核參加該會之水災調查工作，今晨似又作罷，故皆照舊從事原有工作，余仍到政治大學查核米西根大學顧問團之用費帳，今日所查為辦公用財產，該校中心大樓未建成前，係將顧問分置在木柵台北兩處辦公，直至今年六月始集中在金華街新屋辦公，而器具等則亦移入，只有木柵電話一部尚在木柵由學校使用，經囑將此情形記入財產帳內。又在 PIO/T 項下進口之財產，則未有紀錄，經調閱文卷藉悉其訂購與收到概況。

9月21日　星期六　晴
娛樂

　　晚，同德芳到兒童戲院觀劇，李鳳翔演白馬坡，高德松、周金福演忠孝全，戴綺霞、劉玉麟演紅梅閣，章遏雲、胡少安演汾河灣，又全體反串之打麵缸，均甚可看。

9月22日　星期日　晴
家事

　　昨日託崔唯吾師母之事，今日接限時信。

9月23日　星期一　晴
師友

　　同德芳到信義路訪童世芬夫婦，慰受水災。

9月24日　星期二　晴
職務

　　本分署 English Center 對本署同人又有通知，開班講授英語，今日上午在該中心舉行測驗，共計選擇用字題一百道，限時一小時，余於 40 分鐘答完。下午續到政大查帳，與外籍顧問 Brady 談進口器材到達受理，並與會計人員陶君談一般校內情況，又企業管理系主任任維均兄來談有關事項，當託其轉達有關以房屋作二房東租顧問賺差額者自行糾正。

9 月 25 日　星期三　晴

職務

　　續到政治大學查密西根大學顧問團用款帳，今日所查為交通費等，至下午已將全部台幣用款查完，並進一部請準備其他有關資料，如顧問工作情形，請假記錄與財產管理等，以備繼續查核。台灣省觀光事業委員會副主委高大經來洽請考慮免除剔除款之繳還，此事乃屬強人所難，故囑其提出理由，如能不陷吾人於前後矛盾，當可幫忙云。

交際

　　中午，本稽核組同人在 FOCC 公請同事陳少華君，將改就美國大使館職務。

9 月 26 日　星期四　晴陣雨

職務

　　上午到政治大學查密西根顧問費用帳，今日所查為財產記錄，緣此項財產之來源有三，一為相對基金就地採購，二為美援會借用，三為在 PIO/T 項下採購進口，其中一項已有財產紀錄，二項只二、三項目，三項則由本分署所存文卷內抽查，書籍部分太多，圖書館人員及顧問 Brady 皆不知進價，但數量與收到記錄尚可，器材部分則共有八項，經與 Brady 及 DeVol 兩教授核對，均已到達使用，余並將其中大部分作實地驗看相符，即囑會計俞君速記入財產帳。下午與任維均兄談其在企業管理系主任下之作法。

9月27日　星期五　晴

職務

上午到政治大學查 Michigan Team 經費帳，該帳本已查完，現在尚差數事未完成，故再作接洽：（1）擬晤其公共行政中心主任張彝鼎，請提供學校方面對 Team 之 Evaluation Report，但張君不在，以前本曾託 Team Adm. Asst. 朱淳仙君轉達，但不知能否生效；（2）促會計俞君速在月底前將已付各稅向學校收回列帳；（3）囑俞君向該校員工福利社將其房租單據之差額提出證件，以憑檢討有無可以承認之支出，此點並託任維均兄轉告。

娛樂

晚，同德芳到三軍軍官俱樂部參加本分署員工俱樂部晚會，有跳舞表演等等，十一時散。

9月28日　星期六　晴陣雨

師友

上午到木柵溝子口訪喬修梁兄，因紹彭此次轉入五省中木柵分部作借讀名義，須因疏散理由將戶口移至該校附近，為取得此等戶籍謄本，擬將德芳與紹彭戶籍移至喬兄寓所，當承立即應允。又昨日接馬忠良兄由台南來信，允在其本年新生中加入紹彭之名，並允填來借讀證，余並依其來信所需，將其文憑與德芳由郵政醫院取來體檢表寄去。

參觀

下午同德芳、紹中、紹彭到科學館，參觀國民計算

機器公司表演機器處理出納與機器記帳製表之操作表
演，以電子控制餘額一點為最神秘。

9 月 29 日　星期日　晴
聽講

上午到民眾服務處聽老人福利協會舉行之健康指導
演講，由眼科醫師那玉講老人常見之眼病，計分四段，
一為老花，認為須由醫師指導配用眼鏡，並檢查有無其
他眼病，二為青光眼，謂十餘年對此症之發現與治療均
有新的進展，青光眼患者占 2%，不可大意，早期診治
有極大希望，三為白內障，雖不易治，但可用藥控制，
且重者之手術方法亦較往年進步，不須多慮，四為眼底
出血，此往往為高血壓血管破裂，須先作內科處理，以
免因更重要之處所如腦部出血而致命，那氏口才甚佳，
且多詼諧，故會場空氣極生動云。

9 月 30 日　星期一　晴
職務

今日未到政治大學查帳，原因為等候其應有之資
料，為免陷於延滯狀態，經電話催尋會計人員俞仰光，
據云：（1）退稅事因須由學校國款經費負擔，而向審計
部報銷時須正式發票，而發票均在相對基金帳內，勢必
一一拆除，代以影印複製之件，此事太費工夫；（2）福
利社轉租房屋之差額尚未據原經手人將憑證補送；（3）
學校對 Michigan Team 工作之評價並無資料，余囑其詢
問該校行政管理中心主任張彝鼎，能否辦理，並能否約

時與余面談云。

10月1日　星期二　晴曇
進修

本分署之 English Training Center 本以訓練出國考察人員為任務，但每年冬季淡月例有英文班訓練美援工作人員，第一次余曾參加，第二次報名因人多未被編入，今年第三次報名者不多，故經測驗後通知接受，今日為第一天上課，首先補行聽力測驗，余除末三、五句外，其餘大體無誤，此一測驗全供參考，分班則先已編定，余在九時至十時之 A 班，教師 Mrs. Richard Bell（本名 Gail），為美海軍眷屬，自稱 Alabama 大學專攻語文，發音甚清，此班只有九人，聞共六班，A、I、E 各二班，人數相似，各班皆混合有本分署、美援會與農復會人員。

10月2日　星期三　晴曇
職務

開始寫作政治大學與密西根大學顧問團技術合作契約之查帳報告，因係華盛頓總署查帳報告之一部分，故用 airgram 格式，因部分資料尚未齊全，故某類表式內尚有暫時空白待填之處。下午該密大 Team 助理朱淳仙君來訪，謂新到顧問 Black 擬租一天母房屋，付一年房租，至明年九月止，余告以年度超過，且密大契約明年六月底止，延展之事尚未見諸明文，殊不妥當云。

家事

今日中秋節，德芳備酒肴全家聚餐，並約紹因家庭教師彭君參加，紹彭教師路君則未到。

10月3日　星期四　晴
職務

　　上午，到政治大學行政與企業管理中心洽辦此次查帳尚待取得之資料，計：（1）與張彝鼎主任談其準備中對於 Michigan Team 之 Evaluation Report，希望於一週內能有結果，張氏詢送達方式，余謂用校長對本分署或用中心主任對本會計處行文均可；（2）關於員工福利委員會轉租顧問宿舍圖利，望速將單據送核，以便確定應繳還數額，則全數剔除繳還，可免予寫入報告，留不良痕跡；（3）與圖書館鍾君核對收到進口圖書記錄，已接近 Brady 所立卡片之總數云。

家事

　　到歷史博物館為德芳報名參加美術研究班國畫組，將每週上課四次，共八小時。

10月4日　星期五　晴
職務

　　今日將 Michigan University Team 與政治大學之合約查帳報告寫完，並將 working file 加以排列整理，此項報告尚缺少下列事項，以待加入或修改：（1）政大之 Evaluation Report 應列為附錄，但尚未獲學校送來；（2）所付各稅在收回以前之數，待至收回後必有變更，只好先照已有之帳面餘額列表，俟其應允之下週將退稅手續完成後，再行更改；（3）此一報告因係華盛頓總署報告內所按排，故採 Airgram 格式。

10 月 5 日　星期六　晴偶細雨
家事

上午，因紹彭在師大附中木柵分部入學較遲，至今未能領到簿本，特往附中事務處交涉，胡君當通知附中福利社照發，當往取到，只有大楷簿一種須待補發。下午同德芳到長安西路買學畫用棉紙，遍尋舊有之台灣棉紙廠不得，後在承德路發現有長春新廠，購後又見同路有福隆新廠，自謂其地即以前之台灣棉紙廠所在云。

師友

下午同德芳到中華書局買故宮博物院複印品宋明人山水畫各一幅，於晚飯後到新店面贈崔唯吾先生為其六十晉六慶壽，並晤昨日由美回國之世妹與夫婿陳君。

10 月 6 日　星期日　晴
家事

紹彭初學英文，為期其初入木柵分部，同班同學入學成績多數較高，免於追趕不上起見，故加緊督促學習，今日由前三課為其命題十道，均答案正確，只有一句漏未用問號。為督促紹寧、紹因、紹彭三人之第一次月考表現優良，特設獎品以待，計一等、二等各一，第三名即無獎矣。

師友

崔唯吾先生今日六十晉六生日，晚備壽宴，余與德芳同往，計來賓三席，席罷其子女切蛋糕饗客，頗極一時之盛。

10月7日　星期一　晴曇

進修

　　本週休假，但英語中心之功課仍照常參加，本週
教師 Mrs. Richard B. Bell 之教材為關於連讀及省略
（elide）之練習，例如 It's a chair 應讀為 Isa chair，door
and window 讀為 door n window，但在連接兩 clauses 之
時則 and 又須完全發音，又如 little 一字，在連讀之時 tt
不發音，皆為一般所應知而未知之事，惜乎年事已長，
口腔肌肉活動大受限制，知而後未必能順利應用也，同
班諸君在練習時亦皆習於故常，感覺改進之不易，然
在英語發音方面，此點極為重要，非此不足以言活的語
言也。

10月8日　星期二　晴

進修

　　上午到英語中心聽 Mrs. Bell 之英文課，前數日為
依據一種讀法書，注重發音、連讀、輕讀，與略音等
方法，今日則改換方法，以由小冊 "Common Sense" 內
摘下一小段共同研讀，以發問方式磨練學員之聽力與口
語，余對其所講百分之九十九可以了解，但答話則不能
太速，且倉促中文法錯誤用字不當，皆所不免。今日所
講有上車用 get in 與 get out of 及 get on 與 get off 之使
用，謂前者用自用之較小的交通工具，後者則搭乘大型
車輛輪船時用之云。

10 月 9 日　星期三　晴

進修

上午在英語中心上課時，Mrs. Bell 講授會話時之成語，例如 I am sorry; Excuse me; Would you mind if...; not at all; 以及何時用 yes 及 no，何時用 OK 等等，此類詞彙皆為已知，但習用之機會絕少，故在應用時往往顧此失彼，或竟不知所對，甚矣諳習一國語言文字之難也。現在學習方法不用課本，優點為注意力可以集中，但下課後無複誦之機會，恐旦夕又復忘卻，則學後不久又恐失之矣。

體質

多日來患之口瘡，現又生兩處，一在左腮內，一在舌下，德芳由致中和買來藥粉塗布，略佳。

10 月 10 日　星期四　晴

國慶

今日國慶，有總統閱兵大典，余之觀禮證為黃色區，交紹中前往參加，余則收聽廣播，並間歇往巷口觀行經羅斯福路之車輛部隊。聯合大樓有券三張，由紹寧、紹因、紹彭往觀。

師友

下午，童世芬夫婦來訪，謂已移回板橋浮洲里水災前舊居，現在公路汽車已通云。

家事

沈子誠君來訪，談衍訓親事，惋惜其無成，余與德芳表示雖不願如此終局，但既已接劉之退回聘禮並來

信，自難挽回，惟如僅如此作為退婚，未免草率，余甚
覺難堪，請劉君安排合理方式云。

10月11日　星期五　晴
師友

上午，到 SITA 旅行社訪酈宏啟君，酈君兩月前為美
援公署同事，在甚盛之裁員聲中自動辭職改就現職者，
據談情形尚佳。以電話詢張中寧兄關於國民大會秘書處
調查水災情形一案，據云不含普遍性云。晚，李公藩兄
來訪，據談中央大學物理研究所所長戴運軌聘其擔任事
務主任，但家在台北，住台灣書店房屋，頗多遷移之困
難，余意不妨用借調之方式，即不必遷移，於借調期滿
後可進可退，較為安全，李兄亦云然。

家事

晚，同德芳到肆上購物，並到國大秘書處登記冬季
用中本衣料，選定第六號樣。

10月12日　星期六　晴
集會

上午到實踐堂出席研究院小組會議，此小組共有組
員十五人，皆結業之國大代表，雖只出席半數，然皆代
為簽到，作為十足出席，組長林錫珍云，各小組大半皆
已流於形式化，會中各項項目皆已省略，只有推定一
人就院中所指定之討論題目中，擇一起草結論，報送院
中，即作為一切圓滿。至開會時所談者，則為當前政情
與本身福利等項，尤其楊揚兄所報告之當前政治暗潮，

以及領導權之爭奪等，殊令人怵目驚心，而七七高齡之
蔣總統仍不可一旦或失焉。

10 月 13 日　星期日　晴
交際

晚，本分署稽核組同人在 Millman 家歡送即將回國
之稽核 Martin，到有全體本國同仁及會計長 Nemecek
夫婦、稽核組長 Millman 夫婦、會計組長 Ray，又最近
由華盛頓派來查帳之稽核 Paxton 及 Winsley 二人、副會
計長 Crossly 等，共兩席，席間 Paxton 係第一次參與中
國宴會，初學執箸，殊多令人發噱，然由其至席終飲
茶皆練習不休，亦可見其學習精神之充沛，非一般所可
企及也。

體質

口瘡已愈，口腔假牙亦漸習慣，惟與假牙比鄰之一
臼齒又有不良預感，極畏冷熱。

10 月 14 日　星期一　晴
職務

休假一週，今日恢復辦公，開始閱覽 Development
Loan Fund 第七號放款 Asia Cement Corp. 之貸款卷，此
為本月份工作。政治大學派校友孫君來談福利會作二房
東向密西根顧問團轉租房屋事，余告以原委，孫君始不
便再持其勉強提一說明之見解，同意余囑其儘量提供修
理單據，並繳還差額，以免有損母校令譽云。兩月前同
杜君查本分署出納關於郵票周轉金四千元，本係以現金

與單據相加得此總數認為相符，現華盛頓來此之稽核認
為須連未用郵票湊為四千元，此問題頗有距離。

10月15日　星期二　晴
職務

　　前年余所查之電力公司深澳第二部機承裝之Contractor
Gibbs and Hill 人員台幣費用內之 Quarters Allowance，
當時並無剔除，今日李君告余，華盛頓總署在採併上項
報告時，以該項 Allowance 無單據而剔除，深為納悶，
余乃將當時之 working papers 查出，知該項無報銷之
Allowance 在 1961 年一月以前曾有專案准其不予報銷，
以後則不為定例，但以後所付則電力公司已避重就輕，
完全由其自籌款內支付，故本分署明知其手續不合，而
無由剔除也，在 paper 內記述甚詳，由此獲知華盛頓之
剔除為毫無根據也，其實該項專案在華盛頓卷內有副
本，特辦事人不加深查耳。

10月16日　星期三　晴
職務

　　繼續閱覽 DLF Loan 第七號帳戶亞洲水泥公司之貸
款文卷，其中最曲折者為關於該公司於 1961 年發放股
利之是否違約問題，蓋依約該公司在 1961-1962 應開始
還款，但經要求改為所謂 token repayment，附帶條件
為該兩年股息不得過一分，該公司在八月新約生效之當
日，發出股利二分餘，自稱該息乃在新約束以前六月底
以前所賺，由於此項解釋之歧異，於是往返辯難，連篇

累牘，至今尚未獲得解決途徑，忽忽已年餘矣。

體質

　　上午參加本分署集體 X 光肺部小片照相。

10 月 17 日　星期四　晴微雨

職務

　　續閱有關亞洲水泥借 DLF 貸款美金三百萬元合約文卷，今日所看為主管組 Management Resources Division 之文卷，其中有為會計處所未存者。此項文卷有若干已失時效者，蓋該項貸款為台灣民營企業之第一家 Development Loan Fund 貸款，早於 1958 即已訂約，進口器材建廠亦早已完成，而直至今日始行查帳，故若干事項殆已成明日黃花也。此項查帳工作本定由余與劉明德君一同工作，劉君正亦開始看卷，而接通知定於下星期一開始參加留學出國前軍訓八個星期，其請假無可延緩，余將獨任其事，或由美援會另行參加人員工作。

10 月 18 日　星期五　晴

職務

　　續閱亞洲水泥公司 DLF 貸款文卷，並特別注意該公司之發放股息問題，該項股息依約為須有充足的 available net profit，其後因還款延後，改為不超過百分之十股息，但公司在 1961 竟發放 17 百萬元，AID 責其違約，公司又提出新辦法，將在 1962 年以所發股息轉作股本，以三千萬為目標，謂如此可以補救已發一千七百萬而有餘，且可收回一千三百萬，AID 又提出須

保持 100% current ratio 或覓銀行擔保貸款，此問題於
去年十二月提出，今年八月 AID 提對案，十月本分署
電華盛頓時仍謂在磋商中，其經過情形可謂雷聲大雨點
小也。

10 月 19 日　星期六　晴
娛樂
　　下午，到中山堂看國民大會所演電影，片為凌波與
樂蒂合演之梁山伯與祝英台，此片為第二次看，表演仍
覺極佳，而最值得欣賞之處為全部歌詞，幾乎全部流暢
動人，且措詞雅俗共賞，乃本片最大特色也，聞此片演
出以來，重複觀賞之觀眾極多，余只看一次，今日有緣
再看，亦稀有之事也。
參觀
　　下午同德芳到華南銀行看蘭花展覽，此為該行多次
舉行之展覽，本屆特色為中國素心蘭多達數十盆，香氣
撲鼻，且出售者亦多，此外則為西洋蘭，出品占全部之
大半，惜無精品，萬大蘭為數不多，而極為精彩，蝴蝶
蘭則無出品。

10 月 20 日　星期日　晴
交際
　　本會計處美籍稽核 Jerry Martin 今日因 home leave
回國，同仁數人到機場送行，余亦前往，登機時二時
十分，移時即同返，聞 Martin 回國將擔任會計部分之
主管，現任 Ray 回國在即，且不能再行連任，故將採

此法。

師友

　　上午，李德民君來訪，告在造船公司會計處本因會計處副處長升任處長，渠有升副處長之可能，因聞經濟部方面決定不設副處長，此事短期內難以實現，又造船公司在蝕本狀態中，然待遇則仿照股台公司租賃期中舊有者八折，高於其他公營事業，亦特例也。

10 月 21 日　星期一　晴

職務

　　續閱本分署貸款組之有關亞洲水泥公司所借 DLF Loan 文卷，此部分為 Application, Agreement and Reports，其中一部分文件已由原支配一同工作者劉明德君作成 work paper，另一部分余只將其標題摘記，以便必要時再查內容，此時即不必再行摘錄要點，閱後當即送還貸款組矣。此項查帳工作將與美援會一同進行，今日詢該會所派何人，據云尚不知此事，待酌定後再告云。

交際

　　晚，在農復會由英文班同班七人公請教師 Mrs. Richard B. Bell，渠將於二十六日回國，但本週功課將授完云。

10 月 22 日　星期二　晴

職務

　　續閱亞洲水泥公司借 DLF 款文卷，今日所閱為宋作楠會計師所作查帳報告 1960 年份，其內容甚為簡

賅，但頗有簡略未明之處，經以 working paper 註出，
以備查證。又該公司所借美援台幣款，謂係由開發公司
而來，但開發公司表上絕無，經詢該公司始知為向美援
會所借，該公司只為經手收付，不記帳云。下午因華盛
頓總署稽核催要 Claim Refund 之摘要表，須趕工，乃
助吳學忠君查出查帳報告內有關事項列入表內，此項文
字須簡明達意，故措詞大費斟酌云。

10 月 23 日　星期三　晴

職務

　　上午到政治大學公共行政中心再度查核米西根大學
顧問組經費帳，所處理事項如下：（1）所有汽油與電
費等所含稅款，均已由學校收回列帳，因而 Fy1963 之
支出最後數，視以前所查者有所更改，並接到其最後所
作之 Final Statement；（2）財產登記簿內應登記之進
口財產亦已照登，但由美援會借來之財產則仍未照登，
已囑務須補記；（3）事先以電話約政大孫殿柏君，再
談其福利會以租屋取利事，孫君謂校長只願交有關人員
討論，而不肯負責解決，余謂此事只有剔除之一途，而
剔除必詳述內容，殊與學校令譽有損也。

10 月 24 日　星期四　晴

職務

　　續看亞洲水泥公司之會計師查帳報告，已看過 1960
及 1961兩年者，其 1961年者已涉及分派紅利事之原委，
余為知其前後脈絡，並將 1962 年報告內之 Retained

Earnings 一段亦加以參閱，對於該公司與 DLF 間之分紅，是否違約一項爭執之大體內容已有相當了解。

進修

上午之英文課由 Mrs. Bell 上最後一刻，屆時彼並偕其夫婿同來，以 round table discussion 方式從事會話練習，二人之發音與見解皆有水準，彌足稱道。

10 月 25 日　星期五　晴

瑣記

上午，警察局七分局與工務局人員來本巷調查違章建築，余初以為其目的為對於去夏所添之房屋，後知為對於巷路之原都市計劃本與已有建築有所參差，於是又來重丈一次，草圖上並囑住戶蓋章，又有調查表寫明為原日產房屋，亦加蓋章，其事始畢。國大黨部來函調查對於本區內市議員黨內競選人之反應，分本省、外省兩部分，余在外省部分張建棟名上加「好」字。

交際

下午同德芳到婦聯國防部分會展覽場買圍裙等手工品三種，並連同前隋錦堂妹婿所贈緙絲韓幹畫馬圖一幅，到新店贈崔唯吾先生之女崔玖，日內即將返美。

10 月 26 日　星期六　晴

瑣記

王庸會計師來訪，所問為下列各事：(1) Development Loan Fund loan 之查帳重點為何，余告以為用途之合否規定與還款能力之分析，但如何查法，

在 DLF 對於每一借款人所發之 Independent Public
Accountant 之 Audit Requirement 內有所列舉，彼所查
者為新竹玻璃公司，可向該公司查詢；（2）託介紹外
國公司在此分公司之主辦會計人員，余表示當為之注
意；（3）託介紹其事務所應用英文文牘人員，余謂當為
之注意；（4）託介紹代為譯英新竹玻璃公司查帳報告，
余表示可以代為洽詢，渠問余本人如何，余告以晚間
不能工作。

10月27日　星期日　晴

家事

　　下午，七弟瑤祥夫婦率女紹曼來訪，並有族孫吳伯
實同來，伯實今夏考取國立政大財稅系，數年來曾在員
林實驗中學苦讀，今果有成，殊屬難得，七弟婦近日即
將生產，忙於準備一切云。

娛樂

　　上午，到空軍新生社看小大鵬平劇公演，邵佩瑜主
演全部鎖麟囊，此劇唱做繁重，而演來前後一貫，毫無
鬆懈，大體成功。

瑣記

　　自前日光復節日起，鄰居福州人即在巷口演戲，迄
今三天，同時殺豬備酒，大宴賓客，以致巷內人聲嘈
雜，三日來假期在寓勉強看書，然心神固不甚安也。

10月28日　星期一　晴

職務

　　續核亞洲水泥公司之宋作楠會計師查帳報告 1962 年份，此年內之報告頗多不能解釋之處，但其主旨多為代該公司解釋，前日王庸會計師來訪，謂宋為該公司稽核主任，平時支領薪金，然則其 "Independent" Public Accountant 之身分實大有問題也。前日王庸所談問題，余今日告知劉允中主任，關於新竹玻璃公司王之查帳報告一事，劉君謂曾經看過其報告，內容頗不適合 DLF 之 Audit Requirement，王亟欲在本署託人代譯，恐含有寄華盛頓文件應特別慎重之意，余表示對此人之事不欲多所過問云。

10月29日　星期二　雨

職務

　　預定今日開始查核亞洲水泥公司開發貸款帳，但因預定一同前往之劉允中主任因事請假，改為明日前往，而今日得以有更充分之準備時間，今日參看借款之 Agreement 及 DLF Loan Manual Order 內之 Audit Program 所定事項，開列一項 Audit Plan，計分三類，一為 Preparatory，二為 Information to be Obtained from Asia Cement，三為 Points to be Noted in Reviewing Asia Cement Files and Records。

進修

　　自昨日起英文班由 Mrs. Peppin 接替上課，初步採用一種 *Mastering American English*，係用眾多之例句方式

作文法練習者，甚為新穎。

10月30日　星期三　晴
職務

　　上午，同劉允中主任與美援會李毅君到亞洲水泥公司開始進行 DLF 之查帳事宜，由會計處經理龍樹珊及會計顧問（側聞亦為公司之稽核主任）宋作楠君接待，上午為對於一般事項之廣泛交換意見，下午為準備查核事項之安排，余將日昨所定 Audit Plan 內須向該公司索取之資料開一清單，交龍君準備，並將查核之對象加以說明，據稱該公司在三年前籌備期間之文卷多極無條理，且經手人有不在公司者，調取不無困難，經說明必須調取之理由，請其與有關方面多所查詢云。

10月31日　星期四　晴
體質

　　前日晚間右足背部覺痛，昨晨稍舒，未以為意，上下班仍然步行，痛疼不劇，昨晚腫脹忽轉甚，夜間夢囈較多，今晨細審，見有似膿頭之細紅點，上午先到辦公室請病假一天，然後到國民大會秘書處索取診病證明單，到公教保險聯合門診中心外科就診，由台灣療養院高醫師診斷，認為應防其蔓延至上腿部，處方用黃色藥水加棉花浸透，掩患處使不乾燥，並內服消炎片（Sinomum），今日一次服四片，以後每日四片分二次服用，至晚腫脹情形依舊，未見加劇。

交際

今日為為蔣總統七十晉七誕辰，照例各處有簽名祝壽之舉，余因足疾，只上午到國民大會秘書處行禮簽名，其他各處壽堂皆一概未往。

進修

上午之英文課未因足疾而缺席，教師 Peppin 所選用 *Mastering American English* 一書，極切適用，且有若干談美語文法處，見解新穎，例如其論 should 與 ought 二字，謂基本式為 present form，其 past form 為 should have been 與 ought to have been，雖余在其後面亦發現有無形指 should 與 would 為過去式之處，然此一觀念，固甚值注意也，又 Peppin 云，美國人甚少使用 shall 一字，且對傳統之以 should 為過去式者不知其事。

11月1日　星期五　晴

體質

右足背發炎似略輕減，終日用黃藥水濕敷，並服消炎片四片，請假在寓終日。

閱讀

選讀 McGraw Hill Accounting Series 內 Smith and Ashburne 著 *Financial and Administrative Accounting* 第五章 Conventional Financial Statement、第十一章 Working Capital Analysis、第十四章後半 Proprietary Equity，尤注意其中有關 Equity 部分之新見解，此為十餘年來新觀念之發展，為余所未曾習知，至於 Working Capital 部分並兼及 Cash flow 問題之分析，說理頗為清楚，在第187頁上有一處不應有之錯誤將 End of year 印成 First of year，易滋誤會。

11月2日　星期六　晴

閱讀

利用餘暇閱現在正採為英文班教材之 Grant Taylor 作 *Mastering American English*，已用急速之方式將較為重要之練習做過，該書後面附有答案，但並非全部，只為較重要者，余在練習時對照後面答案，大半正確，然亦有不然者，尤其 preposition 為然，余平時最不善用之字為 of 與 among 及 over 等字，故錯者亦多在此，又此書內對於美語習慣用字特別豐富，如使用 have got to 時與 have to 無所區別，在字典上亦未有如此詳細之解釋，但亦有甚略者，如 could 只謂係 can 之過去式，

非也。

11 月 3 日　星期日　晴

體質

　　右足之腫毒連日用黃藥水浸泡及服用消炎片
Sinomin 後似在靜止狀態，今日不能往診病，只好在附
近藥房購服 Sinomin 四片，分二次服用，患處紅痛，但
周圍則無痛感，而有腫象，似乎按之，略覺麻木，而良
久始行脹起，故懷疑此症之不單純也。

師友

　　同事劉允中主任夫婦上午來訪，看余之病，並還
紹南代訂 Management Review 之手續 12.50 美金加郵資
.60，余按 40.- 台幣折合整收 520 元，另收其 80 元暫存
為代購他物之用。晚，原都民李德修夫婦來訪，交火
險單並贈水果與酒，乃答謝昨日德芳往贈書籍賀其子
生日。

家事

　　今日參加戶口總校，余與紹中、紹寧、紹因皆校。

11 月 4 日　星期一　晴

體質

　　右足之腫毒今日再到聯合門診中心診察，此次為陳
守仁醫師應診，詳察後認為頗不簡單，疑在肌肉下有何
異狀，仍先處方服消炎片 Sinomin 三天，並囑作熱敷，
余因極不方便，仍用黃藥水浸敷。下午請假半天，步履
略感艱難，但跛行尚可應付。

進修

前數日曾在英文課作動詞用法填充測驗一次，今日發卷，45 題中有 14 題答錯，可見英文尚有大加改進之必要，聞他人亦多錯十餘題，然彼等多為不常寫作者，則大有計較矣。今日交卷二百字短文一篇，題為 A Brief Autobiography。

11月5日　星期二　晴

職務

今日抱病恢復辦公，全日在亞洲水泥公司查帳，今日乃實際開始之日，與會計處龍經理先談其數日來為余等準備事項之情形，彼只談較為重要之一事，即其用 DLF 貸款進口器材之記帳情形，據稱帳上所記為成本加台幣費用之數額，至於 DLF 進口之金額須由另一清冊追溯，此清冊係按性能分別，又與進口採購等次序不相一致，彼正全力加以對照，製成總表以後即可一目了然云。

進修

今日英文課由教師 Mrs Peppin 臨時命題十二則，再考 verb 之用法，全係現用課本上所有，但事後核校，恐亦與上次相似，甫及格耳。

11月6日　星期三　晴

職務

全日在亞洲水泥公司查帳，今日為閱覽其 DLF 貸款文卷，因該項文卷為完全堆藏方式，只能全部翻檢，遇

有有用資料即予記錄，無其他捷徑可循，況原經辦人亦皆離去，不採此法，遇有須查證事項亦無人知其所在，故只有以此法解救也。昨日由本分署署長發問題表，徵詢對於 CUSA、JCRR 及本分署之比較意見，均匿名填送，不知其意何居，但近來人心仍甚不安，報載月底將裁 50-100 人。

體質

右足之腫毒三天來繼續服消炎片 Sinomin 每天四片，並採德芳偏方用蛋清塗浸，竟生奇效，兩日來已現腫消紅退之象，僅尚有微痛。下午因假牙刺激腮內皮破，到陳立元牙醫師處由其弟將假牙錯去甚多。

11 月 7 日　星期四　晴

職務

繼續到亞洲水泥公司查帳，仍為查閱其有關 Development Loan Fund 之借款文卷，今日已將該卷三本看完，摘要記入 working paper 內。

進修

英文課昨日曾受臨時測驗，共六題，前三題為 wish 一字後面，在未來現在與過去三個時態下後面動詞之用法，後三為 If 起首造句，在現在表事實、現在反事實、與過去反事實之用法，此皆為最近所學過，然今日發回試卷，錯者及半，總緣所記不清與所用不廣耳。

娛樂

晚，同德芳到中山堂看美國李蒙舞蹈團表演，凡四節，演員皆表現優美有力。

11月8日　星期五　晴

職務

　　全日在亞洲水泥公司查帳，已將其全部文卷看完，除已看過之三卷文電外，另有三卷月報、三卷開初接洽文卷與還款及接到帳單等，然終嫌有所缺略，據云有若干抽出存於會計處備作傳票附件者，會計處經理龍毓珊君云，傳票附件多不能互相對照，此非彼到公司以後之事，為查帳便利，正在就帳列資料與憑證資料以及另外所作之統計記錄一一互相參照作一賅括分析，作成補充報表，庶將來可以作為數項會計資料之對照關鍵，余亦認為此法殆屬切要而不可免者。

11月9日　星期六　陰雨

交際

　　國大代表山東同鄉劉光軍病逝，今日在極樂殯儀館發引，上午往弔奠，未送殯。

師友

　　美援公署同人黃鼎丞君病十餘日，今日上午往探望，並帶去其可能應用之請假單。

進修

　　因英語班常常考試，答案難免有錯，乃利用假期溫習所讀之 Taylor 作 *Mastering American English*，同時另作一項工作，將較艱深之練習後附答案特加標出，將予以抄錄，備不久此書繳回後仍可另買一冊參考，市上所賣翻版並無答案，將來補修另買之書，亦可不致有格格不入之弊也；今日溫習此書已過其半。

11 月 10 日　星期日　陰
家事

　　晚，姑母約吃麵，與德芳同往，因本星期二為姑母生日，星期一曾由德芳往送菸酒等禮品，晚飯於九時始竣事。

11 月 11 日　星期一　陰曇
進修

　　今日為美國假日，利用餘暇將英文班所用教材 *Mastering American English* 再度溫習一遍，昨、今兩日竟其事，但除較重要部分如動詞等外，其餘亦只涉獵一過，又此書不久即須繳還，坊間對其第二部分翻印發售，但缺少原文所附之答案，而此項答案甚多為不易完全做對之練習，為備將來進一步之參考，經將此項答案之重要部分約四十課左右另紙抄錄，庶將來購讀該書時仍不致因缺該項答案而不能核對所作練習之是否正確，在抄錄之時亦偶然發現書內印刷頗有誤植之處，此在原版書前為不經見之事，亦可見出版物之情況今昔有異也。

11 月 12 日　星期二　晴
參觀

　　今日為國父誕辰紀念休假，下午出外理髮，歸途經過南海路，見中央圖書館舉辦故張溥泉先生藏書展覽，此為張氏逝世後其夫人依其遺囑，只許其收藏文物歸於公有以免失散之意旨，售諸中央圖書館者，計有宋以

來之善本圖書與手抄本，其中最古者為唐人寫經，年代雖久，而字跡法度謹嚴，依然栩栩如生，張氏最工者為版本之講求，其中甚多附有章炳麟氏之題跋等，價值極高，余並於無意中見有故于範亭先生致張先生小柬，用眾議院信牋，當係四十年前物，墨色極佳，不免睹物思人之感矣。

11月13日　星期三　晴陣雨

職務

全日在亞洲水泥公司查帳，今日工作為分析其1960、1961 及 1962 之財務報告之內容，以與其擬送華盛頓國際合作總署之 1963、1964 與 1965 之預測財務報表相對照，蓋其預測報表之若干項目，均係依去年 1962 年底之數字為準，依比例推算而得，其1960 與 1961 之比例如何，則須加以分析而得，此項工作可以幫助對於其正確性之參考了解與判斷也。

進修

在英文課上，教師 Mrs. Peppin 寫一電話用句曰 "Thank you for your calling" 詢全班此句誤否，無人能答，始解釋 your 一字為多出，不可用，乃輪用此方式造句，余得句曰 Thank you for giving me so much papers，Peppin 不以為然，良久余始晤 much 應用 many。

11月14日　星期四　晴

職務

全日在亞洲查帳，今日工作為研討其以往三年財務

報表與所作預測報表之關連，其初步工作為將各項數字之比例與大小關係加以計算，填入一張 work sheet 內，以供分析判斷之張本，計所作者有：(1) Sales to cost of sales, (2) Sales to cost of sales and expenses, (3) Inventory to sales, (4) Yearly net income to current repayment obligations to DLF，並作 Cumulative amount，此數應有餘始可分紅，乃合約上所訂明者。

11 月 15 日　星期五　晴

職務

到亞洲水泥公司查 DLF 帳，繼續分析其所作預測資產負債表，以及附屬表等之內容，將準備探討之問題列出，以備與其負責方面交換意見。

進修

今日英文課由教師 Mrs. Peppin 授電話之特用文字，均須避免 I、you 等字樣，均須用第三人稱，繼即由各聽講人分成二人組，一問一答，均極生澀，且難免遺漏錯誤，此等事如在初學者專心為之，可謂易如反掌，但在余等則似甚難，亦不可解也。

娛樂

台大校慶平劇公演，余與德芳往觀，有女起解、玉堂春、斷橋、文昭關等，以斷橋配搭為好，至於文昭關則為教師所演，出場時太晚，即未待終而返。

11月16日　星期六　陰雨
閱讀

讀本月份 *Reader's Digest*，有 Emma Bugbee 作：Eleanor Roosevelt: My Most Unforgettable Character 一篇，描寫羅斯福夫人生前與新聞界之交往，以及由此種交往中發現之羅氏夫人之人格，寫來十分逼真，羅氏夫人乃一對自由中國互無好感之人物，但其行誼則似皆無以偏見與仇恨為出發點者，則基本觀點不同，無可勉強者也，文內所述羅氏夫人之精力與熱心，可由其一生行百萬里路用百萬金復百萬件箋一語賅括之。

11月17日　星期日　陰雨
閱讀

讀本月份 *Reader's Digest*，有文曰 Race Discrimination - It's Worldwide，敘述種族歧視乃一世界性的病態，並非只存在於美國，所寫內容包括英國人對於愛爾蘭人、猶太人之歧視，非洲人對白種人之歧視，亞洲之日本與印度對少數民族之隔離與限制，拉丁美洲與加拿大對於紅印與黑人之歧視，蘇聯對於回族人民之歧視等項，可見人類之互相了解尚在遙遠之將來，而仇恨與報復在可預見之將來，仍主宰國與國間或一個國內之彼此之關係也。

交際

徐正渭兄之子與曲直生之女今日結婚，事先送禮一百元，晚並往道賀參加喜宴。

11月18日　星期一　晴

職務

三月間所查之 DLF Small Industrial Loan 查帳報告經 Millman 改易後，打成第三個 draft，送由會計長 Namecek 改動後，又送 Capital Investment Division 會稿後，直至今日始行交劉允中主任將行發出，但劉君認為其中有若干資料已成明日黃花，而又不能確指在於何處，乃囑余往詢美援會一同查帳之沈子孝君有何意見，余即送往，將俟沈君與其主管趙既昌君核後再作計議。續到亞洲水泥公司查帳，開始以其去年底之會計師查帳報告核對其十二月底之帳上餘額與試算表所列餘額，是否即為決算報表之餘額。

11月19日　星期二　晴陣雨

進修

今日英文課舉行第二次討論會，由余擔任主席，題目為 Traffic Problems in Taiwan - What can be done to improve the traffic conditions，首先由余報告討論題綱，分政府、快車、慢車及步行等四個方向，並說明討論方法，提醒昨日教師 Mrs. Peppin 在第一次討論會講評意見，希望勿輪流演說，而在發現有何問題足供討論時，即可構成重點加以討論，至於時間共 50 分，除主席序論與結論十分鐘，教師講評亦十分鐘，其餘 30 分全供討論，於是開始，果然照此意辦理，已不似昨日之只聞演說矣，末由教師講評，指出用字欠妥處甚多。

交際

晚到宋志先兄家，赴其岳母83壽宴，曾贈香菸。

11月20日　星期三　晴

職務

上月所作 Michigan University Team 與國立政治大學所訂合作契約查帳報告，本用 Airgram 格式，該格式係作為華盛頓總署查帳報告之一部分，其中並無此間之 recommendation，但因須剔除其房租超付 15,000 元，又必須有一 recommendation，經劉允中主任與 Millman 商討，適 Millman 最近又新擬一項查帳報告格式，即囑改用此式，不復用 Airgram 格式矣，今日將該報告重新調整，較原報告除多一 recommendation 外，並加寫 Background 一段，即日完成交卷。

11月21日　星期四　晴

職務

正在進行中之亞洲水泥公司查帳，因另有工作須暫時延擱，緣美援會之簡鴻基君已進行查核礦業研究服務組之 1962 與 1963 經費帳，因遭遇不易解決之問題，而曾經一同工作之本分署楊永元君又已請假，此時必須與簡君一同往查，乃臨時由余前往會同簡君工作。上午簡君來談其已經完成之工作，下午即一同前往，該組之經費多係轉以合約方式委託其他機構辦理，故欲明最終使用情況，尚須向各受託單位求證，此一初步工作即為將其合約內容先求逐一了解，其中又分煤業與金屬礦業兩

部分，後者經辦人外出，前者則經辦人陳金銶今日與余談商甚多。

11 月 22 日　星期五　晴

職務

上午下午皆會同美援會簡鴻基君到礦業研究服務組（Mining Research and Service Organization）查其 Fy1962 與 1963 經費帳，本擬就其轉託各項契約一一加以分析，以發現有無履行不力情形，但因此事簡君已將其帳內本身部分查完，合約付款則須下星期余休假以後始能著手，同時簡君下週亦有其他任務，故今日依簡君之提議，就其本身帳所發現不符各節，一一向其會計史繼光提出，望於查帳終了前補正，事實上此亦為該會必須約本分署人員一同前來之理由，蓋此一小組之召集人與執行秘書皆為美援會人員所兼，該會稽核孤掌難鳴也。

11 月 23 日　星期六　晴

集會

上午到實踐堂出席革命實踐研究院小組會議，由召集人林錫珍準備選票，並希望均選姬鎮魁繼任召集人，均一一照辦不誤，故姬君必當選無疑，又因本組共十五人，今日只到七人，為使選票較為好看，經分別由已到各人代其他未到者亦代理一票，余所代理者為喬修梁兄，亦照投姬君之票。

參觀

到歷史博物館看十人書展，此為十人每年一次之展

出，此次展出各件大體上與往年相似，但陳定山忽有大
件條幅，雖間有敗筆，而氣魄不弱，令人刮目相看，余
所最矚目之曾紹杰，反只有陳陳相因之小件，令人失
望；又有海嶠印展，24人之作並印石印譜，多有佳構。

11月24日　星期日　晴
旅行

　　本分署員工聯誼會舉辦秋季旅行，余與德芳率紹
因、紹彭參加，於上午九時出發，因路經陽明山上坡路
車輛拋錨，及至十一時始到竹子湖附近，下車登山，目
的地為北部較高之七星山，開始登上約二十分鐘時有大
草地，均就該地野餐，於一時半再行，三時到山頂，其
地有電視轉播站，向北俯瞰金山一帶之海濱，向南則看
淡水河蜿蜒如帶，攝影二次下山，山路全在蘆葦之中，
間有岩石，德芳只到半山，待同回山麓時已四時矣，於
是乘車循原路回台北，今日登山雖不甚高，然山路崎
嶇，證明余與德芳步履均甚健旺也。

11月25日　星期一　陰雨
閱讀

　　今日起休假三天，上午本仍應到英語中心聽課，
因聽廣播今日為美國國喪日，被刺死亡之甘迺迪總統
出喪，美國機關均不辦公，故未前往。乘暇閱讀 Smith
and Ashburne 作 *Financial and Administrative Accounting*，中描
寫會計師職業道德之一章，所提及之美國會計師執業情
形，最重操守，最負責任，絕不隨便簽字，自墮令名，

以與目前我國會計師界之情形相較，真不禁令人感慨繫
之矣。

師友

　　晚，蘇景文兄來訪，閒談，並面贈其所指導編譯
之港澳青年刊物，據稱美援已經結束，新年度不赴出
版矣。

11 月 26 日　星期二　雨

進修

　　今日英語課繼續上週之討論會，此為第六次，由方
揆世君主席，首先對星期六美國甘乃迪總統被刺逝世表
示哀悼，然後開始討論，題目為 U. S. Aid to Taiwan and
to What Extent should it be Continued，此一問題在上週
決定時適英文中國郵報有社論，提出台灣美援不可缺乏
原因，而教師 Mrs. Peppin 表示不以為然，可見其立場
大不相同，今日發言者多與該社論意見相似，此等問
題不可能有三言兩語之結論，故余在發言時認為不必
急求結論，只練習英文已足，因中國、美國政府國會
均有歧見也。

11 月 27 日　星期三　晴

進修

　　今日余仍為 annual leave，但英文課仍往參加，今日
為第七次討論會，題目為 Smoking and Health: What Can
We Do against Smoking?，由郭君主席，因在座八中只有
一人偶爾吸煙，故議論幾乎一面倒，余乃採較客觀之論

調，認為吸煙在工作緊張必須提神時，確有用處，至於為害健康，據云不過量時，無甚大害，但亦在各別情形如何而定，設非醫囑不可吸煙，應各行其是，尤其政府無法干涉各人之性情與癖好也，至於勸人勿染，自屬佳事，其法當勸其縱使吸食，亦勿每日有定時，如此或可雖吸煙而不成習慣云。

11月28日　星期四　晴

閱讀

今日為 Thanksgiving Day，休假一日，余在寓讀書，為 Smith and Ashburne 之 *Financial and Administrative Accounting*，余在今日所讀數章中，最覺其第 23 章 Accounting Control of Operations - Cost Accounting 對於成本控制之四種制度 (1) Absorption Costing - Historical Basis, (2) Absorption Costing - Predetermined Basis, (3) Standard Costing, (4) Direct Costing 之方法與效果的不同，均有深入淺出之說明，其中若干理論為余夙昔所不知也。

師友

晚，張中寧兄夫婦來訪，閒談。

11月29日　星期五　晴

職務

全日在亞洲水泥公司查帳，今日該公司已將其應用 Development Loan Fund 所購器材列成分類大表，交余查核，蓋該項器材在公司帳上係將原價加費用以台幣記帳，無法根據 DLF 用款加以對照，現另設一本專帳

記 DLF 用款，按美金計算，然又未分類，不能由其工廠現況以追溯至帳上記載數字，於是該公司乃採此二種資料，互為經緯，交織成此大表，余開始追溯其原始依據，以明原委而證明有無錯誤，今日已成其半。

進修

今日為英文課第八次討論會，由周君任主席，討論 Should a Policy for Returned Students be Required? If So, What Are They? 余發言認在台難言此。

11 月 30 日　星期六　雨

集會

到國民大會黨部出席第 30 小組第九次會議，由余主席，組長趙雪峰請假，無公文可以報告，只由參加人孟朝楨與梁興義報告此次九全大會觀感，梁君本為競選代表之一人，後因不與裴鳴宇氏競爭而退出，此次在大會擔任招待組長，但未利用機會對其已被提名之中央委員候選資格加以運用，致未當選，自云中委為吸聚向心力之榮銜，彼為黨工人員，不必居此虛名，理應用於黨的對外酬酢，其見解有足多者。

慶弔

在國民大會為孫伯棠代表八旬慶壽冊頁簽名，並另有題字徵文，亦當有以報命。

12月1日　星期日　雨

閱讀

再擇讀 Jenks: *Auditing Principles*，今日讀其第八章 Inventories and Cost of Goods Sold，其所述之 Cost Method 與前日所讀之 Financial and Administrative Accounting 之相當章節可以互相印證，但此書所寫不若後者之深刻，僅文字略微清晰耳。

交際

晚，黨校同學在立法院聚餐，並歡迎馬星野同學由巴拿馬回國，席間閒談關於目前國外國內政情，最可慮者為兩個中國之呼聲又起，又談及溫子瑞同學因違反票據法，以數萬元而判罪執行入監，但台北市長黃啟瑞本因貪污判罪覆判無罪，乃政治壓力所致，司法距獨立之境尚遠云。

12月2日　星期一　偶雨

職務

續到亞洲水泥公司查帳，已將 DLF 借款所購器材三百萬元之分類大表核對完畢，發現略有小錯，此表之摘要欄未寫出各項設備之數量，經依照其原始資料予以補入，以備到工廠視察時有所準據，又其中有五十萬係讓售當時嘉新水泥公司所購日本機器，亦有清單一件，經加以核對，與原始憑證相符，但 DLF 所付只為其中之一部分，因嘉新曾已付過一部分也。本月份分署裁員風聲比往昔更甚，幾有人人自危之感，下午揭曉，聞共裁三十七人，本會計處五人，稽核中有一人，另

書記一人。

12月3日　星期二　雨
職務

　　全日在亞洲水泥公司查帳，今日工作為核對該公司
會計處龍毓珊經理所作之 DLF 進口器材原始憑證，該
項憑證係依 DLF 當時付款先後排列，而帳上則按器材
性質分別登記，其為余所作之器材大表亦係二性質分
類，龍君為使二者可以互相核對，經依時間支付先後為
此項發票編列一項號碼，此號碼亦在大表上予以註明
（實際二者之間另有一項溝通號碼，使三者可以透過此
一中介互相尋到），余為在大表上尋出大數支出之器材
之供應商及金額有無差異，乃著手清查其每筆滿二萬元
（美金）者，結果發現數筆不能對照，已囑龍君再行核
對後解釋理由。

12月4日　星期三　晴
職務

　　全日在亞洲水泥公司查帳，已將 DLF 貸款所採購
之器材內容審核完竣，曾經注意之點如下：（1）核對時
完全以該公司所製之分類大表為依據，數件不能根據其
所註號碼查到發票者，經龍經理再度尋出，原因為所註
號碼不完全相符，金額無誤；（2）在其一百三十一張發
票內擇出每筆二萬元以上者約三十筆左右加以核對，
其餘限於時間，不再詳核；（3）在其餘之發票只略加翻
閱，其內皆以代理採購之中信局為抬頭，且註明 DLF

貸款編號，只有一筆用開發公司名義，必係誤寫。

12月5日　星期四　晴
職務

全日在亞洲水泥公司查帳，今日賡續數日前之總分類帳分析研究，計對於宋作楠會記師所為之查帳報告內的對於 Inventories 之說明加以分析，經與總分類帳對照，知宋君對於各項說明仍欠明晰，例如彼對於 Factory Supplies 之內容未加說明，只云明細帳存工廠內不在公司，其實數量有一千二百餘萬，此外有只數十萬之金額的項目反不厭求詳的加以列舉細數，又對於 Account Receivable 的內容加以分析，由其 Age 狀態得悉頗有呆帳傾向之數戶，惟為數不甚大耳。

慶弔

報載孫典忱兄昨晚腦出血逝世，晚與德芳到新店其寓所弔唁，據云全家均在殯儀館。

12月6日　星期五　晴
職務

上午，本組主任 W. B. Millman 詢問有關半年前 RETSER Placement Fund 之報告，如將其中資料延展至十月底，將費若干時間，余謂因須修正 accrual items 及連帶有關的報告文字，大約需二、三天，彼未置可否，於是進而對於其中若干數字加以討論詢問，並囑余上午勿到亞洲水泥查帳，但至中午止亦無動靜，不知將採何行動，至余下午請假半天，彼亦核准。

參觀

　　台灣觀光協會第六次年會下午在中央酒店舉行，應邀為來賓參加，會後餘興有李清泉魔術，出神入化，又有日本小姐舞蹈，柔若無骨，均博好評。

12 月 7 日　星期六　晴
慶弔

　　魯省耆宿國民大會代表孫伯棠氏今日慶八十壽，國民大會代表黨部上午九時舉行茶會慶祝，余於九時前往致賀，事先題贈「松鶴遐齡」一幅，又全體山東代表各扣二十元送禮。

參觀

　　抗戰中在洛陽出土之熹平石經殘石近歸歷史博物館收藏，經往參觀，原石為兩面，現已剖為二顆，各飾錦匣，另有拓片，其一面已破為三塊，但拓片有較早之完整者亦同時展覽。

12 月 8 日　星期日　陰雨
慶弔

　　上午到極樂殯儀館弔唁國大代表顧建中氏之喪，因平時少往還，故未送禮。

交際

　　中午，稽核組同人在中國之友社共送此次離職同人楊永元君與彭德楨女士。

師友

　　下午，同德芳到和平東路訪劉允中夫婦，贈送紹寧

所作之椰子餅一盒，答謝其去年贈蛋糕。

12月9日　星期一　晴
職務

代理主任李慶塏君告余，Millman 曾對於半年前余所作 RETSER Placement Fund 查帳報告加以推敲，並詢問附表之 Balance Sheet 兩方總數何以不與 Fund Sources and Uses Statement 之兩方總數一致，余乃於今日加以詳細分析，並將其中不同之因素作一非正式之 reconciliation sheet，大致為後者將損益項目收支加入，前者則無損益項目，因另有損益表也。又後者為表示全貌，將應收應付數亦列入，前者則係將其所關之應收應付資產負債科目列入，二者適在相反之方面。

慶弔

中午到極樂殯儀館弔孫典忱兄之喪。

12月10日　星期二　晴陣雨
職務

上午，因已兩天等候續往退除役官兵就業輔導會查核其 Placement Fund 帳，對正在進行中之亞洲水泥公司 DLF Loan 暫作停頓，今日由副主任李君往詢 Millman 是否再行繼續等候，云不必再等，可照舊查亞洲水泥，李君並告以可以到竹東亞洲廠一行，但迨余正式寫出差 request 時，彼雖簽字，而對李君表示不必過細查核，只須知其開工已足，余原寫三天，現又口頭謂希望一天即足，且透露吾人均有為出差而出差之嫌，一時為之不

懌者久之，此人脾氣之特殊，由此可以覘之。

12月11日　星期三　雨
旅行
　　上午九時由台北乘火車南下，同行者美援會李毅與亞洲水泥公司龍毓珊君，十時一刻到新竹，換乘內灣支線火車於十時半到竹東附近之九讚頭站下車，其地即為亞洲水泥公司廠址，於是展開工作，晚五時半回新竹，住於新開之國泰旅社。
職務
　　全日在亞洲水泥公司工廠查核 DLF 借款進口物資按裝使用情形，初以為公司張君所云廠內有卡片建立，其後據張廠長云並無其事，只有第二部機因係交通銀行擔保付款，故由交行指導建立一套卡片，DLF 進口部分則尚在準備草擬之中云，於是只好就公司帶來一本清冊進行視察，今日已完成其半。

12月12日　星期四　晴
職務
　　上午同李君同到亞洲水泥公司工廠繼續查核 DLF 機器使用情形，於十時完竣，計發現各情如下：（1）廠內由張廠長陪同查點，完全依據數年前一份安裝清冊，但其中規格亦不完整，故如非當年建廠原人，必無順利找到之可能；（2）多數由美國進口之器材並無美援標誌，日本、德國者則大半有之；（3）一部分之機器已廢棄，亦有自始即未使用或未安裝者；（4）機器上並無編

號及表示。

旅行

上午十一時十五分由九讚頭北旋，同行者亞洲水泥龍、張二君，午在新竹用飯，一時再行，二時十分回北。

12月13日　星期五　雨

職務

全日在亞洲水泥公司查 DLF 帳，今日工作為就昨日自九讚頭工廠所發現各項無美援器材應附之 emblem 物資，重新核對其廠家出口商與價格及發票日期等，加以記錄，以備填送 Violation Report 之依據，其中多件均能與該公司送余之器材清單內之相當項目相核對，但有數項屬於單位甚多而價值較低之試驗儀器，因有數筆帳目均只寫儀器而無具體名稱，以致無法使二者得以互相認證，亦只有就事論事，就器材名稱加以指出耳，計共有十餘筆，但整理極為費時，故全日時間全用於此。

12月14日　星期六　雨

家事

因紹彭下星期一又屆月考，過去成績不盡理想，故為之加緊督促複習，今日上午余為之命題測驗國文七課，包括默寫、答問、釋詞等，答案均在八十分以上，諒不致有問題，此項國文課本為初中標準教科書第一冊，所選背誦文多失之太過冗雜，學生能夠背誦，殊已不易，惟文言部分甚好，故學生背誦亦略無難色也。

娛樂

下午同德芳到中山堂看電影，黑白音樂片「翠堤春曉」（The Great Waltz），畫面極美，故事亦純真而引人入勝，為 Strauss 之名傳記片也。

12 月 15 日　星期日　雨

閱讀

余與紹中每晨聽廣播電台之空中英語教學，由 Doris Brougham 擔任，其所選文在本星期應用者有由十二月份美國版 *Reader's Digest* 採取者，題目為 The Excuse We Should Never Use，談及每人不經意以為無足輕重之事，亦即協助他人之事，應時時體察注意，不必在危難時始感覺必要，此一理論在吾國有成語曰「勿以善小而不為」，庶幾近之。

師友

下午，李公藩兄來訪，閒談，據云中央大學研究所前聘其為事務主任，因須赴苗栗，而又不能舉家前往，故經謝絕；又談由友人處得悉山東一般情況，匪之情緒已甚低落，清算鬥爭早成過去云。

12 月 16 日　星期一　陰

進修

上午英文課時，教師以事先剪輯之由 Time 等刊物上採取之資料先行分發閱讀一過，然後起而複述其要點，藉以練習說話能力，余所得之一段文字為 Tireless Brain，寫兩位心理學家所作之實驗，以證明人之記憶

力、理解力與判斷力不隨年齡而衰退，頭腦之衰退與其
謂由於用腦過度，毋寧謂由用得太少云；今日又作第二
測驗，即用十分鐘閱讀，然後以二十分再寫，余因未獲
讀完，故未全寫出。

師友

訪張景文兄，詢李德民君謀造船公司會計處副處長
事，張兄謂刻尚不設，將來可優先考慮。

12月17日　星期二　晴曇

參觀

石門水庫建設委員會分三天約集國民大會代表到該
水庫參觀，今日為第三天，余亦參加，上午九時半由中
山堂出發，十一時到大壩所在，車即開到溢洪道之堤
上，下車步行至大壩，壩內綠水悠悠，山勢蜿蜒，所見
甚短，但已形成曲折之勢，據云乘舟上溯，可十六公
里，將來沿途風景點綴，必有可觀，壩之構造已由拱壩
改為土石壩，經葛洛禮颱風考驗，證明屹立不致有何動
搖之虞，在大壩下曾由執行長徐鼐與陳主任工程師報告
興建經過，防颱之作用與限度，甚為詳盡，並解釋已發
生攔洪作用，參觀畢，至十一份該會午餐，飯後乘車回
北，已下午三時餘矣。

12月18日　星期三　陰

進修

上午英文課開始修習新課本，係採用一種 *English and
American Language*，其中有故事十餘篇，部分英人所寫，

部分美人所寫，其後附有各種註解，主要為解釋成語，並指出英美用法之差異，此項體例之著述於 *American English Usage* 一書而外，尚為初見，甚感興趣。

師友

下午程傑懍君來訪，談在嘉義創辦大同商業專科學校，下學期即行上課，擬聘余為教授之一，大約每月赴嘉一次，於週末時間內為之，余因時間並不衝突，故允其請。

12 月 19 日　星期四　晴曇

瑣記

記憶力之衰退已漸漸感覺嚴重，例如在最近英文課所學之 wish 一字後面動詞用法，經過測驗答錯後本已下決心記牢，但不旋踵又成陌路，今日又複習一過，簡記於此，以覘是否若干日後不復遺忘：示未來時用 I wish I would...，示現在時用 I wish I were...，示過去時用 I wish I had...，此與一般之 subjunctive mood 乃大同而實小異，或亦難記原因之一歟？

娛樂

晚，同紹中到國都觀電影「七仙女」，凌波主演，前半部為李翰祥導演，此為邵氏出品，李則另外亦自行出品一部，題材甚佳，為一極美之神話故事，歌唱用黃梅調，因情節較梁山伯為簡，故少曲折之緻。

12月20日　星期五　晴

瑣記

　　因須買糯米及味精等，下午到市場一行，味精內有贈品，乃骰子糖二塊，其贈券本為小糖十塊，因售店無存，改用骰糖，但德芳謂應為此糖十塊，但又不能肯定，余乃至另一家買另一盒，藉以詢悉小糖與骰糖二塊價格相同，幸未逕往第一家交涉，亦趣事也。

進修

　　英文課又作練習一次，係填充前置詞，余以為大體不錯，但只得八十分，原因為有誤用處，且有本不能十分肯定而亂填致誤者。英文課課友共同送牛角盒一分與教師 Mrs. Peppin 為耶誕禮。

12月21日　星期六　晴

閱讀

　　開始讀 Heckert and Wilson 作 *Controllership*，已讀完其第一卷 The Function of Controllership，其中分析 Accounting and Its Relation to Management 及 The Work of Controllership，此二章所述皆為抽象之一般概念，嚴格言之，此一書之專論 Controllership 者，僅此二章，其餘篇幅皆用於會計理論與實務之運用，不過著眼於對 Management 之關係較重於一般會計書籍，是其特點耳。

交際

　　裴鳴宇氏事先來喜柬，其女深言于歸施國華君，於二十五日發嫁，一切從儉，似無喜筵，今日送往衣料二件，裴氏亦未談及喜宴，殆確係從儉矣。

12 月 22 日　星期日　晴

集會

上午，到中山堂報到，參加光復大陸設計研究委員會第十次全體會議，及國民大會年會，照例支取招待費及領取書刊等件，又到國大代表黨部報到參加黨員大會，此會於下午三時舉行，亦只為照例之舉耳。

師友

下午，同德芳到板橋訪童世芬夫婦，此為其水災回家後之初次拜訪，贈糕點、水果等。

娛樂

晚，革命實踐研究院在新生社招待全體結業國大代表同學晚餐，並由張正芬、李金棠等演「美人魚」助興。

12 月 23 日　星期一　晴

職務

休假一星期後，今日開始辦公，全日在亞洲水泥公司查帳，已將其去年底資產負債表內之負債類科目審核完竣，並發現其所述相對基金抵押品在會計師報告與公司提供資料內互相不同，又其提供之預測表送華盛頓AID 者與交余者有異，經研究後知前者有錯誤處。劉允中主任報告謂會計長 Nemecek 上週曾報告本分署壽命尚有二年餘，每半年須緊縮一次，本處同人如有他就者，望隨時自謀，當仍按遣散條件辦理云。

集會

上午參加光復大陸設計研究委員會開幕禮，主委陳誠報告，下午仍參加一次，為工作報告。

12月24日　星期二　晴

職務

今日上午續到亞洲水泥公司查核帳目，但因時間不多，進行不速，僅閱覽其股東大會記錄數份，並與李毅君討論年底報告表可否利用，以採用最新之資料。下午非正式放耶誕假。

集會

下午到中山堂出席光復大陸設計研究委員會全體會議，今日為最後一天，未終而退。

交際

晚，山東青島代表在會賓樓聚餐，並歡迎新近當選中委、候補中委與評議委員五、六人。

娛樂

晚同德芳到中山堂看國大年會晚會京戲，李環春惡虎村，金素琴、周正榮紅鬃烈馬，尚佳。

12月25日　星期三　晴

集會

上、下午均到中山堂參加國民大會代表年會，上午為開幕式，由何應欽主席，報告後由蔣總統致詞，在讀完預定之文字後，特別聲明國民大會臨時會將於下屆國民大會前舉行，於是歡聲雷動，蓋自憲政研討委員會工

作告一段落後，即靜待此一臨時大會之舉行，而黨部方
面對於此一事極盡揣摩之能事，傳令不得簽署要求召開
臨時大會，至今日始獲澄清真相云。上午接開預備會，
由行政院新院長嚴家淦報告。下午討論提案，此乃自說
自話之舉，多以送請政府參考之決議將數十案於三小時
解決，其中且因發言問題而引起許多不愉快者。

12 月 26 日　星期四　晴曇
職務

全日在亞洲水泥公司查帳，今日為查核其歷年之股
東大會記錄及本年董事會紀錄，藉以覘其一切措施有無
礙及 DLF Loan 之規定處，一面將要點摘記，以明該公
司對於公司法與公司章程之重視與否，更進而證明其董
事會提出之表冊是否與報送華盛頓者相一致，結果證明
大體情況良好，但在民國五十年十月間，該公司所辦
一件大事，即第一次分派股利經 DLF 數次文電持異議
者，獨無股東會之紀錄，經一再追詢，始調出一份董事
會記錄，未知有無其他緣由。

12 月 27 日　星期五　晴
職務

全日在亞洲水泥公司查帳，今日工作有二：(1)
繼續數日來之工作，核閱其董事會會議紀錄，尤其注
意其與分配紅利與發生新債務，此二項均須依其與
Development Fund 所定貸款合約辦理，非經同意，不
得為之，於此有一極有興趣之問題，即該公司向銀行委

託擔保時，提供抵押品除自有不動產外，有時用其姊妹
公司遠東紡織公司者為之，於是對遠東又構成另一債
務，此一附隨債務是一是二，殊難下結論也；（2）開始
填寫上週在該公司工廠所發現之未有美援標誌器材之
Violation Report，此事極為機械，但有若干項目因事過
境遷而不能尋得資料，故填寫時頗費周章。

12 月 28 日　星期六　晴
閱讀

　　讀十二月份 *Reader's Digest* 論文數篇，其中有 John W.
Gardner 作 Know Yourself 一篇，記每人對於其潛在之能
力均有自己注意加以發覺之必要，但人皆由於習焉不查
或習非成是，常不能接受新的刺激反應而發現其昔所未
見之特殊能力，此種能力偶然可以由生活環境之改變如
世界大戰之類而自行發現，從可知無特殊場合之刺激之
對於特殊能力之埋沒為何如者；又有一篇短文記述一位
作者之經驗談，如何可以治療失眠，謂須在上床後由頂
至踵一一予以放鬆，不待完全做完即入睡鄉云。

12 月 29 日　星期日　晴
集會

　　中國租稅研究會今日在中山堂舉行年會，余今年方
入會，經往參加，但因須另有他處開會，未能終席，僅
領到資料而辭出。
聽講

　　中國老人福利協進會今日在社會服務處舉辦例行之

健康指導講座，由中醫師趙峰樵主講癌病與預防治療，歷二小時，趙氏亟為中醫之能治癌症宣傳，但治癒病例不多，故不無誇大之嫌，其理論則多有可取之處，蓋於西醫所注意之物理化學等成癌原因外，而舉出情緒之因素，亦有造成癌病之實例，因情緒亦影響細胞之分裂狀態，且舉事實以為佐證云。

12月30日　星期一　晴

職務

今日到亞洲水泥公司繼續查帳，進行事項如下：（1）在竹東工廠所發現之未有 AID Emblem 之進口器材，經查核發票繼續逐一填寫 Violation Report，但有數項不能填出，而尤感困難者則有其中部分之器材無 emblem，其他部分則因當時限於時間無從查知，故只能以部分的寫出，事實上十之八九為全部，但不敢肯定耳；（2）該公司之長期負債表，依其送 DLF 者曾有詳表，但最近告本分署主管組者又有不同，經向主管查詢，知其中有含利息者，有當時準備較低之數字而現在又須增加者，故該詳表有修正必要也。

12月31日　星期二　晴

職務

全日繼續在亞洲水泥公司查帳，今日辦理事項為：（1）續填 Violation Report，共計十五份，其中有七份之進口船名不能由發票上摘出，經囑該公司會計處龍毓珊經理設法在 Bill of Lading 副本上查抄，至於貨到日

期則因無資料與記錄可考，只好省略矣；（2）核閱該公司最近股東名簿，計有七百餘股東，股份為二千一百萬股，計一億零五百萬元，其中大股東有六百餘萬股者，但仍以小股東為多，又股份分記名、無記名與普通與優先之別，各有總數，經加以摘記，並將董監事每人股數亦加以查列；（3）兩月來向該公司索取之資料，直至今日始行交齊，其中包括保險情形與前年六月底因分紅而特別編製之決算表等項。

附錄

收支表

月日	摘要	收入	支出
1/1	上月結存	69,654.00	
1/1	車錢、晚會		24.00
1/2	水果		19.00
1/3	糖果、草紙、香煙、書刊		37.00
1/4	打火機三個		240.00
1/4	午飯、水果		35.00
1/5	梁愉甫子喜儀		100.00
1/5	贈武文		100.00
1/5	咖啡		65.00
1/5	郵費、小菜		60.00
1/6	觀劇、食品		35.00
1/8	洗衣、糖果、水果		45.00
1/9	兩週待遇	2,808.00	
1/9	同人捐、藥品		30.00
1/11	車錢		10.00
1/13	合庫 7-12 月息	320.00	
1/13	李延年父喪儀		80.00
1/13	窗紙、唱針、修表、水果、理髮		88.00
1/13	校友會推銷書		80.00
1/13	贈楊紹億火損		100.00
1/14	午飯		15.00
1/15	糖果、牛肉乾		25.00
1/17	砂糖、食品		15.00
1/19	唱片、食品		200.00
1/20	宋志先兄子喜儀		200.00
1/20	水果、洗衣		15.00
1/21	飯桌		1,500.00
1/21	食品、酒、書刊		120.00
1/22	家用		2,500.00
1/22	二週待遇	2,808.00	
1/22	同人捐		10.00
1/22	被單、塑膠布		330.00
1/23	二月公費	1,00.00	
1/23	公保		37.00
1/23	二月研究費	800.0	

月日	摘要	收入	支出
1/23	衣料二期		120.00
1/23	二月交通費	500.00	
1/23	毛線三期		50.00
1/23	二月出席費	200.00	
1/23	肥皂三期		70.00
1/23	二月眷貼	100.00	
1/23	同人捐及黨費		30.00
1/23	所得稅法譯費	5,000.00	
1/23	紹因肩帶		250.00
1/23	糖果、襪子、燈罩、理髮		244.00
1/24	酒、甘油、醋、煙		62.00
1/27	車票、水果		75.00
1/28	紹中書、車錢、食品		70.00
1/31	糖果、水果		45.00
	合計	83,190.00	7,131.00
	本月結存		76,059.00

月日	摘要	收入	支出
2/1	上月結存	76,059.00	
2/1	被單、理髮券		260.00
2/2	光復會一、二月車馬費	400.00	
2/2	毛巾		21.00
2/3	車錢、洗衣、食品、理髮		56.00
2/4	書刊、唱片、鈣藥、門票		248.00
2/6	二周待遇	2,808.00	
2/6	聚餐、糖果		127.00
2/8	水果、書刊		17.00
2/10	聚餐		60.00
2/12	食品		10.00
2/14	水果		11.00
2/15	針藥		35.00
2/16	水果、草紙		14.00
2/17	理髮、洗衣、食品、花朵		35.00
2/19	藥皂		33.00
2/20	二週待遇	2,808.00	
2/20	同人捐、草紙、食品		25.00
2/20	吳文叔子女教育金		100.00
2/21	車票、吊帶扣、理髮券、食品		77.00
2/23	食品、郵票		141.00
2/24	食品		61.00

月日	摘要	收入	支出
2/28	家用		4,700.00
	總計	82,075.00	6,031.00
	本月結存		76,044.00

月日	摘要	收入	支出
3/1	上月結存	76,044.00	
3/7	兩週待遇	2,808.00	
3/7	同仁捐、字框		80.00
3/7	本月公費	1,000.00	
3/7	公保		37.00
3/7	本月研究費	800.00	
3/7	衣料三期		120.00
3/7	本月交通費	500.00	
3/7	粉絲四斤		80.00
3/7	本月出席費	200.00	
3/7	黨費、同人捐		50.00
3/7	本月眷補費	100.00	
3/7	所得稅法二期譯費	5,000.00	
3/7	家用		5,000.00
3/9	臟元駿母喪賻		100.00
3/9	水果		13.00
3/10	鄒日生喜儀		100.00
3/10	維他命B、水果、皮帶、鞋油、食品		132.00
3/11	奶粉、食品、洗衣		49.00
3/12	糖果、看病		30.00
3/14	鹽蛋、車錢		14.00
3/15	水果、食品、理髮券、香皂		43.00
3/17	旅行		31.00
3/18	水果		29.00
3/19	水果、糖果、鹽蛋、砂糖		50.00
3/20	二週待遇	2,808.00	
3/20	同仁捐		10.00
3/20	食品		148.00
3/20	德芳衣料		300.00
3/21	酒、方糖、煙		93.00
3/22	生日請同仁茶點、蛋糕		150.00
3/24	林鳳樓三子喜儀		100.00
3/26	紹南書、糖果、酒		157.00
3/28	理髮券、午餐、稿紙、食品		43.00

月日	摘要	收入	支出
3/30	水果		30.00
	共計	89,260.00	6,989.00
	本月結存		82,271.00

月日	摘要	收入	支出
4/1	上月結存	82,271.00	
4/1	車票		48.00
4/1	本月公費	1,000.00	
4/1	公保		37.00
4/1	本月研究費	800.00	
4/1	衣料四期		120.00
4/1	本月交通費	500.00	
4/1	黨費		10.00
4/1	本月出席費	200.00	
4/1	聯誼會費、車錢		16.00
4/1	本月眷補費	100.00	
4/1	茶		152.00
4/1	本月子女教育費	350.00	
4/1	郵票、郵包		82.00
4/1	本月及上月光復會車馬費	400.00	
4/1	同人捐		20.00
4/2	郵票、水果、食品、信箋		58.00
4/3	兩周待遇	2,808.00	
4/3	同人捐		10.00
4/3	衛生紙、書刊、食品、唱片		42.00
4/4	餐具、電影、食品		80.00
4/6	秦夫人喪儀		60.00
4/6	車票、水果、洗衣		50.00
4/7	咖啡、食品		140.00
4/9	合作界稿費	250.00	
4/9	糖果、食品		22.00
4/10	糖、皮帶、中餐		73.00
4/12	唱片六張		120.00
4/12	食品、理髮券		127.00
4/15	書刊、水果、理髮		42.00
4/16	糖果、書刊、B Complex		118.00
4/17	二周待遇	2,808.00	
4/17	同仁捐、書刊		28.00
4/17	家用		8,700.00
4/18	酒、食品		95.00
4/19	藥品、觀劇		76.00

月日	摘要	收入	支出
4/20	章長卿喪儀、牟尚齋子喜儀		150.00
4/21	觀劇、什用		22.00
4/22	吳世瑞氏祭儀		140.00
4/23	食品		35.00
4/24	食品		50.00
4/27	白布、食品、電插頭		166.00
4/28	車票		48.00
4/28	罐頭、奶粉、食品		304.00
4/30	糖果、食品、水果		27.00
4/30	家用		1,650.00
	合計	91,487.00	12,878.00
	本月結存		78,609.00

月日	摘要	收入	支出
5/1	上月結存	78,609.00	
5/1	原子筆、食品、同人捐		30.00
5/1	兩週待遇	2,808.00	
5/1	份金請 Millman		100.00
5/1	本月公費	1,000.00	
5/1	衣料五期		120.00
5/1	本月研究費	800.00	
5/1	黨費		10.00
5/1	本月交通費	500.00	
5/1	公保		37.00
5/1	本月出席費	200.00	
5/1	同人捐		40.00
5/1	本月眷貼	100.00	
5/1	秦亦文喪儀		40.00
5/2	糖		16.00
5/2	家用		4,100.00
5/3	蚊香、食品、郵票、理髮券		116.00
5/4	水袋、車錢、食品		26.00
5/7	糖果、食品		24.00
5/8	皮包、食品、木瓜		112.00
5/9	童衣等		36.00
5/10	于瑞圖喪儀、食品		65.00
5/11	湯燦華母喪儀		50.00
5/12	觀劇		20.00
5/13	食品		24.00
5/13	家用		500.00
5/14	洗衣、樟腦		15.00

月日	摘要	收入	支出
5/15	二週待遇	2,808.00	
5/15	食物		34.00
5/17	內衣、毛巾、鞋油		39.00
5/18	內衣、藥品、車錢		81.00
5/20	洗衣		51.00
5/21	車票、食品		100.00
5/22	食品、糖、鞋跟		71.00
5/23	藥品		74.00
5/24	帽子、電影、書刊		60.0
5/28	食品、糖果		30.00
5/29	二周待遇	2,865.00	
5/29	同人捐		10.00
5/29	衣李保險八萬保費		180.00
5/29	家用		2,200.00
5/31	六月公費	1,000.00	
5/31	公保		37.00
5/31	六月研究費	800.00	
5/31	衣料六期		120.00
5/31	六月交通費	500.00	
5/31	黨費		10.00
5/31	六月出席費	200.00	
5/31	同人捐		850.00
5/31	六月眷補費	100.00	
5/31	電扇		70.00
5/31	五、六兩月光復會車馬費	400.00	
5/31	同人捐		20.00
5/31	勞軍		33.00
5/31	食品、理髮券、藥皂、藥水、藥品、書		170.00
	合計	92,690.00	9,661.00
	本月結存		83,029.00

月日	摘要	收入	支出
6/1	上月結存	83,029.00	
6/2	食品、電影、洗衣		55.00
6/3	修鞋、鞋油		6.00
6/4	糖果、水果		24.00
6/7	葛之覃子喜儀		70.00
6/7	食品、水果、燈泡		30.00
6/8	宴客		350.00
6/9	觀劇		10.00

月日	摘要	收入	支出
6/11	旅行券、糖果、砂糖、水果		110.00
6/12	預繳心電圖及體檢費		135.00
6/13	家用		3,600.00
6/13	兩週待遇	2,865.00	
6/13	同仁捐、下週聚餐		110.00
6/13	肉鬆、木瓜		40.00
6/15	藥品、書釘、看病		41.00
6/16	旅行		61.00
6/18	裝牙、糖果、食品		1,020.00
6/20	車票、捐款、紹彭用		88.00
6/20	縫工		550.00
6/22	車錢、理髮券		20.00
6/23	電池、郵簡、木炭		16.00
6/24	七月公費	1,000.00	
6/24	黨費		10.00
6/24	七月研究費	800.00	
6/24	公保		37.00
6/24	七月交通費	500.00	
6/24	衣料一期		112.00
6/24	七月會議費	200.00	
6/24	同人捐		100.00
6/24	七月眷補費	100.00	
6/24	聯誼會		10.00
6/24	家用		1,000.00
6/25	糖果		12.00
6/26	洗衣		5.00
6/26	二週待遇	3,228.00	
6/26	同仁捐		10.00
6/29	付清假牙		150.00
6/29	劉支藩子喜儀		60.0
6/29	水果、食品		16.00
6/30	肉脯、肉鬆等		88.00
6/30	電影		14.00
6/30	毛巾、車錢、毛巾		24.00
	合計	91,722.00	7,984.00
	本月結存		83,738.00

月日	摘要	收入	支出
7/1	上月結存	83,738.00	
7/1	糖果、食品		18.00
7/3	午飯		15.00

月日	摘要	收入	支出
7/5	食品、理髮券		58.00
7/7	紹彭報名、食品、洗衣、展覽會		84.00
7/8	書刊、食品		19.00
7/9	送朱興良水果、糖果、食品		100.00
7/11	兩周待遇	3,228.00	
7/11	同仁捐、食品、草紙		80.00
7/13	拖鞋、椅子		98.00
7/14	奶粉、食品、看戲		110.00
7/15	車票、食品		63.00
7/16	紹彭考初中		16.00
7/17	食品、糖果		21.00
7/19	食品、理髮券、白王、機油		120.00
7/20	食品、水果、紹彭報名、電影		95.00
7/23	食品、糖果、西瓜、果汁		59.00
7/24	兩周待遇	3,228.00	
7/24	同仁捐、食品、水果		43.00
7/24	家用		7,400.00
7/26	食品、補票		8.00
7/27	紹彭投考報名、食品		60.00
7/28	砂糖、綠豆、拖鞋		26.00
7/29	西瓜、果醬、食品		35.00
7/30	食品、糖果、鞋油		49.00
7/31	八月公費	1,000.00	
7/31	公保		37.00
7/31	八月研究費	800.00	
7/31	衣料二期		80.00
7/31	八月交通費	500.00	
7/31	黨費		10.00
7/31	八月會議費	200.00	
7/31	肥皂一期		69.00
7/31	八月眷貼	100.00	
7/31	同仁捐		30.00
7/31	光復會七、八月車馬費	400.00	
7/31	戲票、地板蠟		230.00
7/31	旅行票、食品、理髮券、書刊、唱針		69.00
7/31	家用		2,800.00
	合計	93,194.00	11,902.00
	本月結存		81,292.00

月日	摘要	收入	支出
8/1	上月結存	81,292.00	
8/1	電料、水果		20.00
8/2	食品		60.00
8/4	泳衣、唱片、食品、洗衣、水果、理髮		140.00
8/5	稿費	500.00	
8/5	內衣		95.00
8/5	合庫息1-6月	268.00	
8/5	旅行票、唱片		67.00
8/6	食品、水果、糖果		32.00
8/7	二周待遇	3,228.00	
8/7	宋東英與李仁甫喜喪儀		90.00
8/7	同人捐、唱片、郵票、藥品、水果		86.00
8/8	洗衣、水果、食品、午飯		91.00
8/9	食品、杜維明喜儀		114.00
8/11	食品、水果		32.00
8/11	家用		4,000.00
8/12	飲食		17.00
8/21	兩週待遇	3,228.00	
8/21	同仁捐		10.00
8/21	糖果、果汁		26.00
8/23	水果、食品		32.00
8/24	水果、食品、糖、酒		96.00
8/25	逢化文次女喜儀		100.00
8/25	唱片、電影、粘膠、香皂		95.00
8/26	食品		49.00
8/27	食品		17.00
8/30	旅費結餘	1,000.00	
8/30	同仁捐		64.00
8/30	公請鄭學楨		30.00
8/30	電影、牙膏、毛巾、食品		96.0
8/30	家用		3,000.00
8/31	食品		13.00
	共計	89,516.00	8,472.00
	本月結存		81,044.00

月日	摘要	收入	支出
9/1	上月結存	81,044.00	
9/1	車錢		10.00

月日	摘要	收入	支出
9/2	本月公費	1,000.00	
9/2	公保		37.00
9/2	本月研究費	800.00	
9/2	衣料五期		80.00
9/2	本月交通費	500.00	
9/2	肥皂二期		70.00
9/2	本月出席費	200.00	
9/2	黨費		10.00
9/2	本月眷補	100.00	
9/2	52年上期古亭地價稅		73.00
9/2	聚餐、洗衣、衛生紙		40.00
9/2	助武文		100.00
9/2	家用		2,400.00
9/3	奶粉、香煙		80.00
9/4	食品		40.00
9/5	二週待遇	3,228.00	
9/5	同仁捐、食品		17.00
9/6	水果		10.00
9/7	綜合所得稅退稅	622.00	
9/7	蚊香、水果、食品		56.00
9/10	食品		23000
9/10	酒		45.00
9/13	午飯、車錢、水果、方糖		41.00
9/14	稿費三篇	650.00	
9/14	書刊、郵票、茶葉、車票、砂糖		119.00
9/15	早點、觀劇、理髮、藥品、食品、酒		87.00
9/16	食品、水果、郵簡		81.00
9/17	糖果		12.00
9/18	二周待遇	3,228.00	
9/18	水果、同仁捐		26.00
9/18	家用		6,100.00
9/19	戲票、食品		140.00
9/20	修鐘、食品		49.00
9/21	車費		28.00
9/24	公請陳少華、水果、食品		84.00
9/28	車錢、水果、郵票、書刊		43.00
9/30	食品、教科書		82.00
9/30	十月公費	1,000.00	
9/30	家用		2,700.00

月日	摘要	收入	支出
9/30	十月研究費	800.00	
9/30	公保		37.00
9/30	十月交通費	500.00	
9/30	衣料四期		80.00
9/30	十月出席費	200.00	
9/30	肥皂三期		70.00
9/30	十月眷補	100.00	
9/30	同仁捐		60.00
9/30	九、十月光復會車馬費	400.00	
9/30	黨費		10.00
9/30	水災捐		33.00
9/30	聯誼會		10.00
	合計	94,372.00	12,983.00
	本月結存		81,389.00

月日	摘要	收入	支出
10/1	上月結存	81,389.00	
10/1	捐款		50.00
10/1	郵票		14.00
10/2	兩週待遇	3,228.00	
10/2	同仁捐、食品、書刊		31.00
10/2	公請 Martin		150.00
10/3	水果		19.00
10/5	紹彭衣、書刊		58.00
10/6	奶粉、書刊、洗衣、車錢		126.00
10/8	砂糖、鞋油、水果		30.00
10/9	針藥、食品、草紙、萬金油、樟腦		130.00
10/12	書刊、理髮券、水果、洗衣、去漬油		59.00
10/13	酒、米、幻燈片		66.00
10/16	家用		5,200.00
10/16	兩週待遇	3,228.00	
10/16	同仁捐、文具、食品、社員費		46.00
10/17	車票、食品、水果、唱片、書刊		187.00
10/19	酒、麻油、醬油		56.00
10/21	公請 Bell		130.00
10/21	捐、藥品、唱片、車錢		93.00
10/22	合作金庫稿費二篇	540.00	
10/22	印花、食品		8.00

月日	摘要	收入	支出
10/23	水果		14.00
10/24	酒、食品、火柴		35.00
10/25	藥品、車錢		25.00
1027	看戲、理髮		20.00
10/29	水果、食品、香煙		35.00
10/30	兩周待遇	3,228.00	
10/30	同仁捐、酒、糖果		50.00
10/30	家用		3,200.00
10/31	郵票、理髮券、看病		20.00
	合計	91,613.00	9,851.00
	本月結存		81,762.00

月日	摘要	收入	支出
11/1	上月結存	81,762.00	
11/1	水果		10.00
11/2	肉、蜂蜜、藥		30.00
11/4	書刊、香皂、水果、食品、郵票、看病、賀年卡		97.00
11/4	本月待遇公費	1,000.00	
11/4	同人捐		110.00
11/4	本月研究費	800.00	
11/4	黨費		10.00
11/4	本月交通費	500.00	
11/4	衣料五期		80.00
11/4	本月出席費	200.00	
11/4	家用		3,000.00
11/4	本月眷補費	100.00	
11/4	本學期子女教育費	1,180.00	
11/4	公保		37.00
11/5	書刊、食品、皂盒、車錢		40.00
11/6	賀年卡、車錢		18.00
11/7	食品、糖、咖啡、粉絲、車錢		116.00
11/9	書刊		20.00
11/13	食品		10.00
11/14	英國所得稅法譯費尾款	2,160.00	
11/14	食品、牙膏		26.00
11/14	二週待遇	3,228.00	
11/14	同人捐		10.00
11/14	家用		3,300.00
11/14	徐正渭子喜儀		100.00

月日	摘要	收入	支出
11/15	食品、車票、書刊		130.00
11/18	墨、旅行票		42.00
11/18	酒		15.00
11/19	奶粉、教科書		136.00
11/21	食品、藥品、修鐘、理髮券		82.00
11/22	酒、食品、糖		95.00
11/23	毛巾、燈泡、水果、洗衣		50.00
11/24	旅行		36.00
11/27	二週待遇	3,228.00	
11/27	同仁捐、食品		31.00
11/27	家用		2,600.00
11/29	修鞋、食品、書刊		50.00
11/30	光復會十一、十二月夫馬費	400.00	
11/30	同仁捐		50.00
11/30	食品		20.00
	合計	94,558.00	10,346.00
	本月結存		84,212.00

月日	摘要	收入	支出
12/1	上月結存	84,212.00	
12/1	聚餐		50.00
12/2	本月待遇	1,000.00	
12/2	同人捐		100.00
12/2	本月研究費	800.00	
12/2	黨費		10.00
12/2	本月交通費	500.00	
12/2	衣料六期		80.00
12/2	本月出席費	200.00	
12/2	糖、公保		45.00
12/2	本月眷貼	100.00	
12/2	家用		3,000.00
12/3	食品、書刊、衛生紙		65.00
12/5	食品、咖啡、奶粉、酒、車錢		145.00
12/5	公送楊楊二君		85.00
12/6	空中英語講義		96.00
12/6	書刊、紹彭理髮		40.00
12/7	食品、唱片		80.00
12/8	烤盤、茶葉		64.00
12/9	孫典忱喪儀		100.00
12/9	酒、午飯、賀年片		78.00

月日	摘要	收入	支出
12/10	食品、車錢		20.00
12/12	兩周待遇	3,228.00	
12/12	同仁捐、車票、食品		65.00
12/12	家用		1,500.00
12/13	食物		15.00
12/14	粉絲、髮券、藥皂、蛋、紹中用、食物		130.00
12/17	食品		20.00
12/18	鞋跟、郵簡、郵票		30.0
12/20	酒、糖果、公送 Peppin 耶誕禮、食品		65.00
12/21	食品、樟腦、車錢		85.00
12/22	贈童世芬水果		80.00
12/23	年會招待與借款等	2,200.00	
12/23	同人捐		20.00
12/23	光復大陸膳什費	200.00	
12/23	車錢、獎券、賀片		51.00
12/23	家用		3,100.00
12/24	兩周待遇	3,228.00	
12/24	還劉允中		52.00
12/24	同人捐、郵票、糖果		55.00
12/24	聚餐、酒、牙膏		131.00
12/25	糖、食品		25.00
12/26	旅費節餘	350.00	
12/26	家用		400.00
12/27	書刊		8.00
12/29	祝會年會費、洗衣、食品		35.00
12/30	食品、郵票、水果		19.00
12/31	下月公費	1,000.00	
12/31	公保		37.00
12/31	下月研究費	800.00	
12/31	衣料一期		288.00
12/31	下月交通費	500.00	
12/31	黨費		10.00
12/31	下月出席費	200.00	
12/31	毛線一期		120.00
12/31	下月眷貼	100.00	
12/31	同仁捐		60.00
12/31	墨水、食品、理髮券、書刊		60.00
	合計	98,618.00	10,519.00
	本月結存		88,099.00

吳墉祥簡要年表

1909 年	出生於山東省樓霞縣吳家村。
1914-1924 年	入私塾、煙台模範高等小學（11 歲別家）、私立先志中學。
1924 年	加入中國國民黨。
1927 年	入南京中央黨務學校。
1929 年	入中央政治學校（國立政治大學前身）財政系。
1933 年	大學畢業，任大學助教講師。
1937 年	任職安徽地方銀行。
1945 年	任山東省銀行總經理。
1947 年	任山東齊魯公司常務董事兼董事會秘書長。 當選第一屆樓霞國民大會代表。
1949 年 7 月	乘飛機赴台，眷屬則乘秋瑾輪抵台。
1949 年 9 月	與友協力營救煙台聯中校長張敏之。
1956 年	任美國援華機構安全分署高級稽核。
1965 年	任台達化學工業公司財務長。
1976 年	退休。
2000 年	逝世於台北。

民國日記 86

吳墉祥在台日記（1963）

The Diaries of Wu Yung-hsiang at Taiwan, 1963

原　　著　吳墉祥
主　　編　馬國安
總 編 輯　陳新林、呂芳上
執行編輯　林弘毅
封面設計　陳新林
排　　版　溫心忻、施宜伶

出　　版　🛡️ **開源書局出版有限公司**

香港金鐘夏愨道 18 號海富中心
1 座 26 樓 06 室
TEL：+852-35860995

🌼 **民國歷史文化學社** 有限公司

10646 台北市大安區羅斯福路三段
37 號 7 樓之 1
TEL：+886-2-2369-6912
FAX：+886-2-2369-6990

初版一刷　2021 年 11 月 30 日
定　　價　新台幣 400 元
　　　　　港　幣 105 元
　　　　　美　元　15 元
Ｉ Ｓ Ｂ Ｎ　978-626-7036-42-6
印　　刷　長達印刷有限公司
台北市西園路二段 50 巷 4 弄 21 號
TEL：+886-2-2304-0488

http://www.rchcs.com.tw

國家圖書館出版品預行編目 (CIP) 資料

吳墉祥在台日記 (1963) = The diaries of Wu
Yung-hsiang at Taiwan,1963 / 吳墉祥原著；馬
國安主編 . -- 初版 . -- 臺北市 : 民國歷史文化學社
有限公司 , 2021.11

　　面；　公分 . -- (民國日記；86)

ISBN 978-626-7036-42-6 (平裝)

1. 吳墉祥　2. 臺灣傳記　3. 臺灣史　4. 史料

783.3886　　　　　　　　　　110019241